中卫

宁夏

中国国家人文地理

《中国国家人文地理》编委会 编

"十四五"国家重点图书
国家重大出版工程

国家出版基金项目
NATIONAL PUBLICATION FOUNDATION

中国地图出版社·北京

图书在版编目（CIP）数据

中卫 / 《中国国家人文地理》编委会编 . -- 北京：中国地图出版社，2024.1
（中国国家人文地理）
ISBN 978-7-5204-3736-3

Ⅰ．①中… Ⅱ．①中… Ⅲ．①中卫－概况 Ⅳ．①K924.34

中国国家版本馆 CIP 数据核字 (2023) 第 249894 号

中卫（中国国家人文地理）
ZHONGWEI（ZHONGGUO GUOJIA RENWEN DILI）

出版发行	中国地图出版社		
社　　址	北京市白纸坊西街3号	邮政编码	100054
电　　话	010-83543926	网　　址	www.sinomaps.com
印　　刷	河北环京美印刷有限公司	经　　销	新华书店
成品规格	185mm×250mm	印　　张	15.75
字　　数	244千字		
版　　次	2024年1月第1版	印　　次	2024年1月第1次印刷
定　　价	158.00元		

书　　号　ISBN 978-7-5204-3736-3
审 图 号　GS京（2023）0428号

如有印装质量问题，请与我社发行部联系

中国国家
人文地理

《中国国家人文地理》编辑委员会

总 顾 问：孙家正　第十一届全国政协副主席

顾　　问：吴良镛　中国科学院院士、中国工程院院士

　　　　　柳斌杰　第十二届全国人大教科文卫委员会主任委员

　　　　　王家耀　中国工程院院士

　　　　　陆大道　中国科学院院士

　　　　　单霁翔　故宫博物院原院长

　　　　　潘公凯　中央美术学院教授、著名艺术家

　　　　　唐晓峰　北京大学教授

主　　任：王广华　自然资源部部长

副 主 任：王春峰　自然资源部原党组成员

　　　　　范恒山　国家发展改革委原副秘书长

执行主任：王宝民　中国地图出版集团董事长

　　　　　温宗勇　北京城市学院副校长

委　　员（按姓氏笔画排序）：

　　　　　吕敬人　清华大学教授

　　　　　华林甫　中国人民大学教授

　　　　　李永春　自然资源部地理信息管理司司长

　　　　　李瑞英　中央广播电视总台电视播音指导

　　　　　宋超智　中国测绘学会理事长

　　　　　张拥军　中央网信办网络综合治理局局长

　　　　　陈胜利　文化和旅游部中国数字文化集团总编辑

　　　　　陈洪宛　国家发展改革委财政金融和信用建设司司长

　　　　　陈德彧　民政部区划地名司副司长

　　　　　武文忠　自然资源部总规划师

　　　　　武廷海　清华大学教授

　　　　　周尚意　北京师范大学教授

　　　　　凌　江　生态环境部综合司督察专员

　　　　　黄贤金　南京大学教授

　　　　　鲁西奇　复旦大学教授

《中国国家人文地理》宁夏回族自治区编纂指导委员会

主　　任：周庆华　　宁夏回族自治区党委宣传部常务副部长

副 主 任：常晋宏　　宁夏回族自治区自然资源厅党组书记、厅长
　　　　　蔡　菊　　宁夏回族自治区党委宣传部副部长、文化和旅游厅党组书记、厅长
　　　　　马英俊　　宁夏回族自治区党委宣传部副部长、新闻出版局（版权局）局长
　　　　　马文锋　　宁夏社会科学院党组副书记、院长

委　　员：雍建华　　银川市委常委、秘书长、宣传部部长
　　　　　王正儒　　石嘴山市委常委、宣传部部长
　　　　　高建博　　吴忠市委常委、宣传部部长
　　　　　褚一阳　　固原市委常委、宣传部部长
　　　　　高　鹏　　中卫市委常委、宣传部部长

《中国国家人文地理·中卫》编辑委员会

主　　任：高　鹏　　中卫市委常委、宣传部部长

副 主 任：李金星　　中卫市委宣传部副部长、文明办主任
　　　　　刘天平　　中卫市自然资源局党组书记、局长
　　　　　吕永军　　中卫市委宣传部副部长、市旅游和文体广电局党组书记、局长
　　　　　王世东　　中卫市文联党组书记、主席

委　　员（按姓氏笔画排序）：

马　斌　　冯　旭　　刘乙龙　　刘淑芳　　孙自文
孙振夏　　孙家骥　　李　斌　　李伏荣　　李艳芳
李崇新　　李新忠　　杨正权　　杨莉丽　　邱　斌
邹建萍　　沈红菊　　张广军　　张志刚　　张俊华
张晓辉　　陈正刚　　庞　娜　　钱建平　　倪祝新
高　军　　黄玉华　　童　颢　　雍　军　　薛军勇

《中国国家人文地理》编辑部

主　　任：陈　平　徐根才
执行主任：陈　宇　卜庆华
编　　辑：方　芳　赵　迪　苏文师　张　娴
　　　　　高红玉　周秀芳　周怡君　孙　竹
　　　　　张宏年　董　明　甄艺津

《中国国家人文地理》战略合作：
北京市测绘设计研究院

《中国国家人文地理·中卫》编辑部

主　　任：**李金星**　中卫市委宣传部副部长、文明办主任
副 主 任：**丁　芳**　中卫市委宣传部副部长
　　　　　刘乙龙　中卫市委宣传部副部长
　　　　　刘资华　中卫市文明办专职副主任
　　　　　许　芬　宁夏社会科学院《宁夏社会科学》编辑部主任
　　　　　白　洁　宁夏社会科学院研究馆员
成　　员（按姓氏笔画排序）：
　　　　　丁　娟　丁世龙　马少娟　王　岚
　　　　　方　婷　田彦虎　冯瑛瑾　吕召军
　　　　　乔　晶　李永梅　杨晓娟　邹　缠
　　　　　张　明　张雅琪　胡超伟　崔睿智
　　　　　章玲燕

目 录

1 总序
3 序
6 中卫名片
    6 大漠长河
    8 枸杞之乡
    10 中国气脉
    12 东数西算

001 中卫概况
    002 地理位置
    002 行政区划
    002 地形地貌
    004 气候
    005 人口
    008 经济
    009 资源环境
    012 交通

017 历史撷英
    020 石器时代的璀璨文明

028　融入：从西戎到中央王朝

032　丝路古道：石空—武威段

040　军事防御重地

046　成吉思汗与黄河九渡

050　海原大地震

056　红色文化

060　包兰铁路和沙坡头治沙

065　深幽古韵

066　大麦地岩画

070　黄河古瓷

074　七星古渠

078　石空寺石窟

082　天都山石窟

086　中卫高庙

090　明代长城

095　名人风华

096　文人名将

102　革命志士

116　当代英才

125　中卫盛景

126　沙坡鸣钟

- 132　宁夏黄河第一渡
- 136　水车转动北长滩
- 142　寺口听风
- 146　南华叠翠
- 150　大漠星空

155　民俗风物
- 156　"非遗"撷英
- 172　中卫特产
- 186　风味美食

195　发展成就
- 196　综合实力显著提高
- 198　生态建设卓有成效
- 200　经济发展谱写辉煌
- 202　民生福祉持续增进
- 206　基层治理铸就平安

211　"十四五"愿景蓝图
- 212　总体要求
- 214　预期目标
- 218　重点任务

226　附录

总 序

《周易》曰："观乎人文，以化成天下""仰以观于天文，俯以察于地理，是故知幽明之故"。察地理、观人文，体现的是中华民族对自然环境和社会人文的关注，是道法自然与教化天下的情怀。

中华民族有5000多年连绵不断的文明史，而承载中国历史文化的地理空间是广袤复杂的。在一个辽阔的地域上，由于地理环境、人群构成、社会历史发展进程的不同，自然、经济、人文、社会等诸方面存在着明显的地域差异，也孕育了不同特质、各具特色的地域景观。

中国是一个统一的多民族国家，中华文化是丰富多彩又浑然一体的文化。一方水土养一方人，一方水土孕育一方文化，一方文化影响一方经济、造就一方社会。不同个性特质、各具鲜明特色的地域文化，不仅是源远流长的中华文化的有机组成部分，也是中华民族的宝贵财富。地域文化的发展既是地域经济社会发展不可忽视的重要组成部分，又是地方经济社会发展的窗口和品牌，已成为增强地域经济竞争能力和推动社会快速发展的重要力量。

这套《中国国家人文地理》丛书，以地级行政区域为地理单位，从时间和空间两个维度，以历史为线索，以地理为载体，权威、立体、详细地展现地域的历史文化、人文资源、地理国情、生态环境以及经济社会发展，并归纳提炼出特色地域文化，打造城市名片，可以称得上是一部区域的"百科全书"，对提升城市软实力，扩大对外影响力，助推地方经济和社会发展具有重要意义。其实，这套丛书的意义远远超出地理区域，它展示和讲述的虽然只是一个个具体的局部，但它为人们提供了一个个不同的视角、一个个不同的出发地，让人们多角度地去认识一个多元一体化的伟大国度，从而生动具体地领略它的包容博大、多姿多彩、生机勃勃。正因为如此，这套丛书绝非地域推介的集成，而是一套从个性出发，了解我们国家全貌、民族完整历史的教科书。丛书将文字、图片、地图、信息图表相融合的设计，为传统的图书注入了新的视觉体验，以雅俗共赏的方式将中华文化和各地人文地理的精华呈现给社会大众，为读者带来了一份精彩的文化大餐。

这套丛书从策划到执行，都得到了中央、国家有关部委和地方各级政府的大力支持，并已列入"十三五""十四五"时期国家重点出版物出版专项规划和国家重大出版工程，这体现了国家对它的认可和重视。丛书的出版，必将充分发挥出版记录历史、传承文明、宣传真理、普及科学、资政育人的功能，为弘扬中华优秀传统文化，增强中华文化软实力，扩大中华文化影响力，建设社会主义文化强国作出重要贡献，并为中华文化走出去提供助力。

编撰《中国国家人文地理》丛书是新时代文化领域的一件大事。因此，我欣然为这套丛书作序，并相信全国将会有更多的城市陆续参与到这一大型图书工程中来，共同讲好中国故事，传播好中国声音，凝聚中国力量，建设美丽中国，为中华文化增色添彩。

第十一届全国政协副主席

序

中卫位于宁夏中西部，地处宁夏、甘肃、内蒙古三省（区）交界处，辖沙坡头区、中宁县、海原县，占地面积1.74万平方千米，素有"天下黄河富宁夏，首富中卫"之说。

这里历史悠久，文化底蕴深厚。秦属北地郡，西汉置眴卷县，隋唐置丰安县，五代后唐置雄州，西夏置应吉里寨，元置应理州，明永乐元年（1403年）由右护卫改置为中卫，清雍正年间改称中卫县。1958年宁夏回族自治区成立后，这里北部先后归银南地区、吴忠市管辖，南部海原县归固原行政公署管辖。2004年中卫撤县设市。中卫是全国唯一沿用古代军事建制"卫"字称谓的城市。雄浑厚重的黄河文化、传统古朴的农耕文化、意境悠远的丝路文化、地域鲜明的边塞文化在此交相辉映。

这里区位优势明显，交通条件便捷。中卫地处我国陆地几何中心，是亚欧大陆桥的咽喉要道、古丝绸之路东段北道的重要驿站，是西部重要的交通枢纽城市和连接西北、华北的第三大铁路交通枢纽，包兰、宝中、太中银、干武四条铁路贯穿全境，中卫至银川城际铁路、中卫至兰州高速铁路常态化运营，京藏等六条高速公路和G109等四条干线公路穿境而过，沙坡头机场开通至北京、上海、广州、西安、重庆、成都、乌鲁木齐等18个通航点的固定航线航班，开通至昆明、武汉等10多个通航点的旅游包机。

这里自然禀赋独特，旅游魅力无限。中卫地处腾格里沙漠东南边缘，沙美、水秀、山奇、城净，大漠、长河、高山、湿地亘古相依，既有江南景色之秀美，又具西北风光之雄奇。"麦草方格"治沙技术享誉世界，中卫固沙林场被联合国环境规划署授予"全球环境保护500佳"荣誉称号。国家首批5A级景区沙坡头，享有"中国沙漠之都""世界垄断性旅游资源"等美誉。全国首个以大漠星空为主题的度假酒店——星星酒店，致力于做靓"星星的故乡"品牌。中国版的最美66号公路、位于寺口子的"苏武牧羊"遗址、原始野奢的黄河南岸半岛民宿集群，让中卫荣登"全国十大网红目的地"榜单。黄羊古落、丰安屯、何滩村等村落，绘就乡村旅游多彩画卷。

这里产业基础雄厚，发展势头强劲。中卫是全国首个"双节点"城市、第三个互联网"直辖市"，跻身"全国一体化算力网络国家枢纽"八大节点，被列入国家十大数据中心集群。中卫是"西气东输"工程战略通道，4条干线和6条联络线在此交会，素有"中国气脉"之称。中卫是"宁电入湘"工程主战场，2022年，新能源装机总量占宁夏的30%，突破1000万千瓦。中卫工业园区、中宁工业园区分别成为全国科技资源支撑型特色载体高新区、自治区高新技术产业开发区。枸杞、牛奶、肉牛（羊）、果蔬4个舌尖上的百亿级产业集群加快培育，中宁枸杞是入选国家首批道地中药材认证的唯一枸杞品种，入选"全国十佳区域品牌"。2019年，中卫被农业农村部等九部委认定为中国特色农产品优势区。

这里基础设施完善，生态环境良好。以全国文明城市创建为引领，一批产业配套设施提质增效，市政公共设施提档升级，公共服务设施提标扩面，环境基础设施提级扩能工程加快实施，一批污水处理、城市排涝、综合路网管网、道路修复、老旧小区改造、文体设施建设、停车场、小游园等项目建设投用，正在全力打造海绵城市和韧性城市。

市区湖泊湿地错落分布，全市森林覆盖率为9.01%，草原综合植被盖度为57.37%，城市绿地率为39.9%，享有"国家卫生城市""国家园林城市""中国特色魅力城市100强""全国十佳生态文明建设示范城市""亚洲最受欢迎旅游目的地城市"等殊荣。

"潮平两岸阔，风正一帆悬。"中卫市深入学习贯彻党的二十大精神和习近平总书记视察宁夏重要讲话指示批示精神，全面落实中央决策部署和自治区工作要求，加快建设大数据产业中心市和产业升级示范市、铸牢中华民族共同体意识示范市、生态环境保护示范市、宜居宜业宜游示范市、乡村全面振兴示范市，大力实施产业兴市战略、乡村振兴战略、创新强市战略、生态立市战略、惠民富市战略、文化活市战略、依法治市战略，奋力谱写全面建设社会主义现代化美丽新宁夏中卫篇章。

应理湖畔，春光明媚；黄河穿境，奔流到海；星星故乡，云天中卫。《中国国家人文地理·中卫》集中展示了中卫的地理区位、自然资源、人文历史、独特风景、经济发展、城市风貌，内容翔实，图文并茂，向世人打开了一扇了解中卫的窗口。我们相信，这座古老而年轻的城市，经过各族儿女矢志不渝的努力，在新时代会更加绚丽多彩，成为闪耀在西北的一颗璀璨明珠。

《中国国家人文地理·中卫》编辑委员会

2023年4月

中卫名片

大漠长河

黄河进入中卫后,水势渐缓,把巍峨香山与金色沙洲勾勒成一个包含"阴阳双鱼"的罕见太极图奇景。唐代诗人王维诗句"大漠孤烟直,长河落日圆"中的大漠长河一如过往,壮观天地间。沙漠、青山、长河、绿洲融为一体,雄风浩浩,秀丽温婉。这里是第一个国家级沙漠生态自然保护区,也是"沙坡鸣钟"所在地。这里被称为"中国沙漠之都",入选"世界垄断性旅游资源""中国最美的五大沙漠""中国十大最好玩的地方",被美国《国家地理》杂志誉为"世界奇观"。

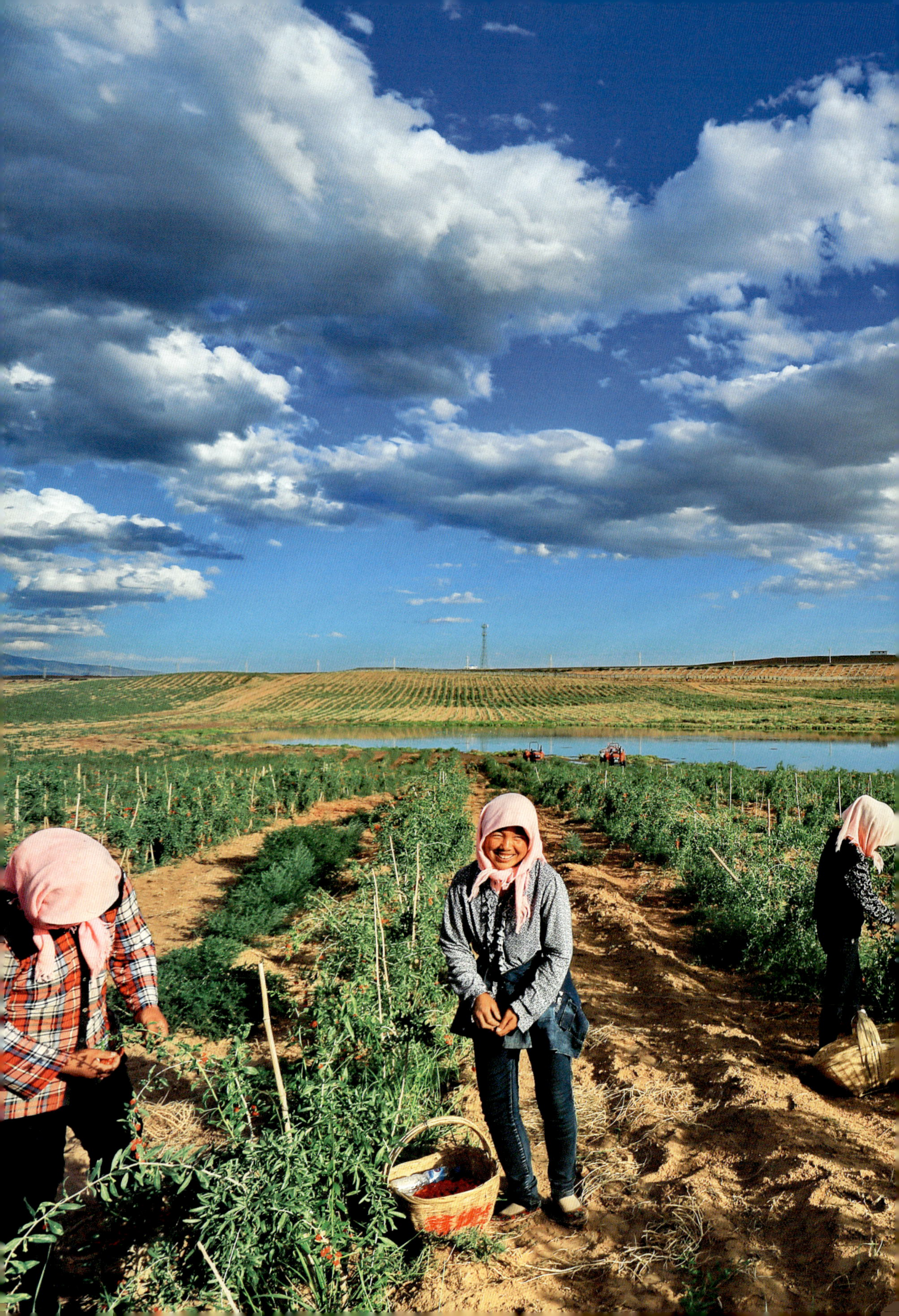

枸杞之乡

"天下枸杞出宁夏,中宁枸杞甲天下。"中宁是世界枸杞的发源地和正宗原产地,其独特的地形地貌和光热水土条件,为枸杞的生长发育和养分累积创造了极其适宜的环境。中宁枸杞是举世公认的道地珍品,是《中华人民共和国药典》收载的唯一药用枸杞资源,它以优异的品质和卓著的功效,在海内外市场享有独一无二的优势地位。

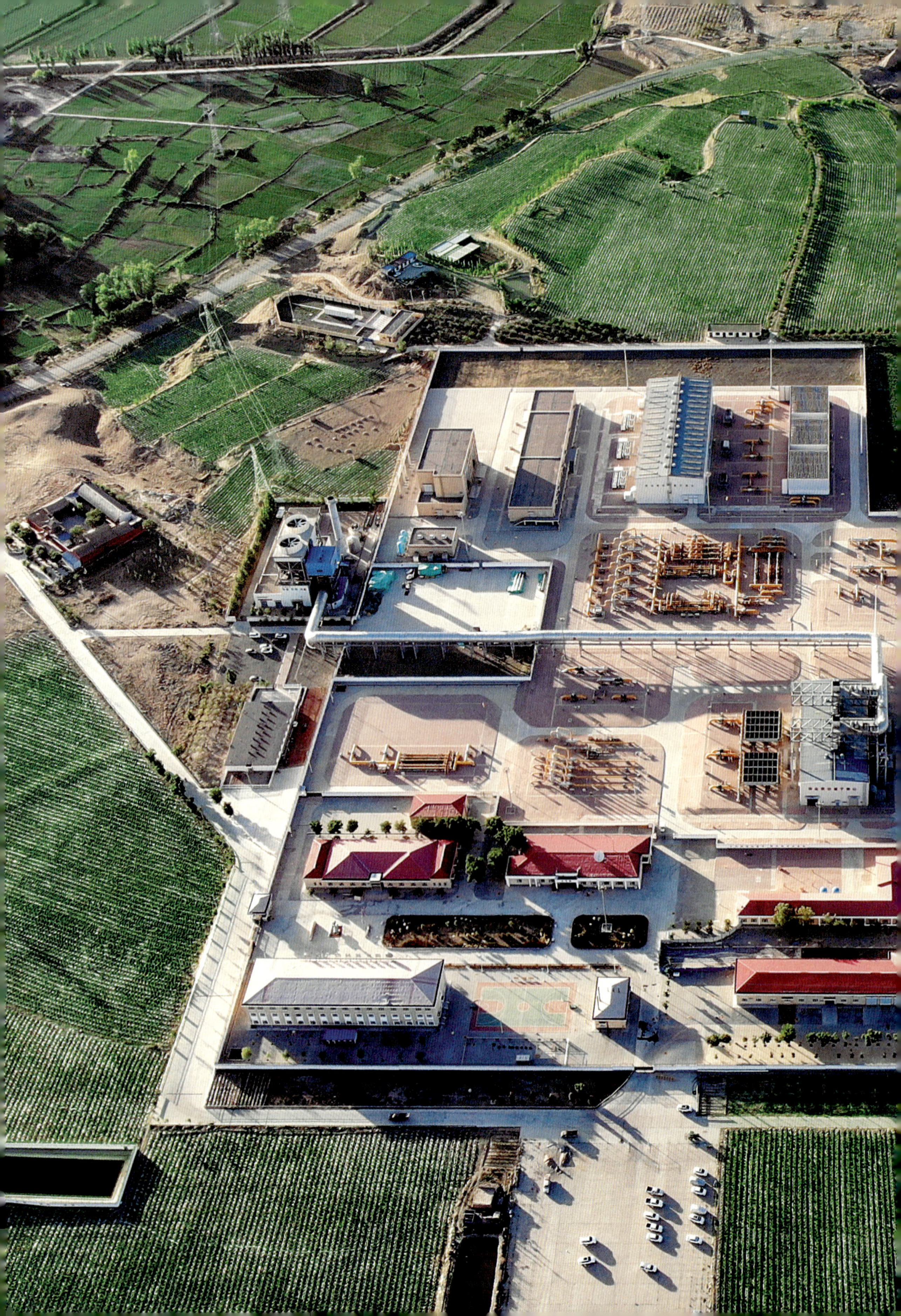

中国气脉

国家管网集团西气东输公司中卫压气站是中国最大的天然气枢纽场站，位于中卫市沙坡头区常乐镇，每年向下游输送转供天然气超过六百亿立方米。中卫压气站持续建树「国脉枢纽、大气中卫」特色文化，践行国家管网集团「服务国家战略、服务人民需要、服务行业发展」的企业宗旨，源源不断地向神州大地输送清洁能源，保障着千家万户的用能需求，呵护着祖国的碧水蓝天。

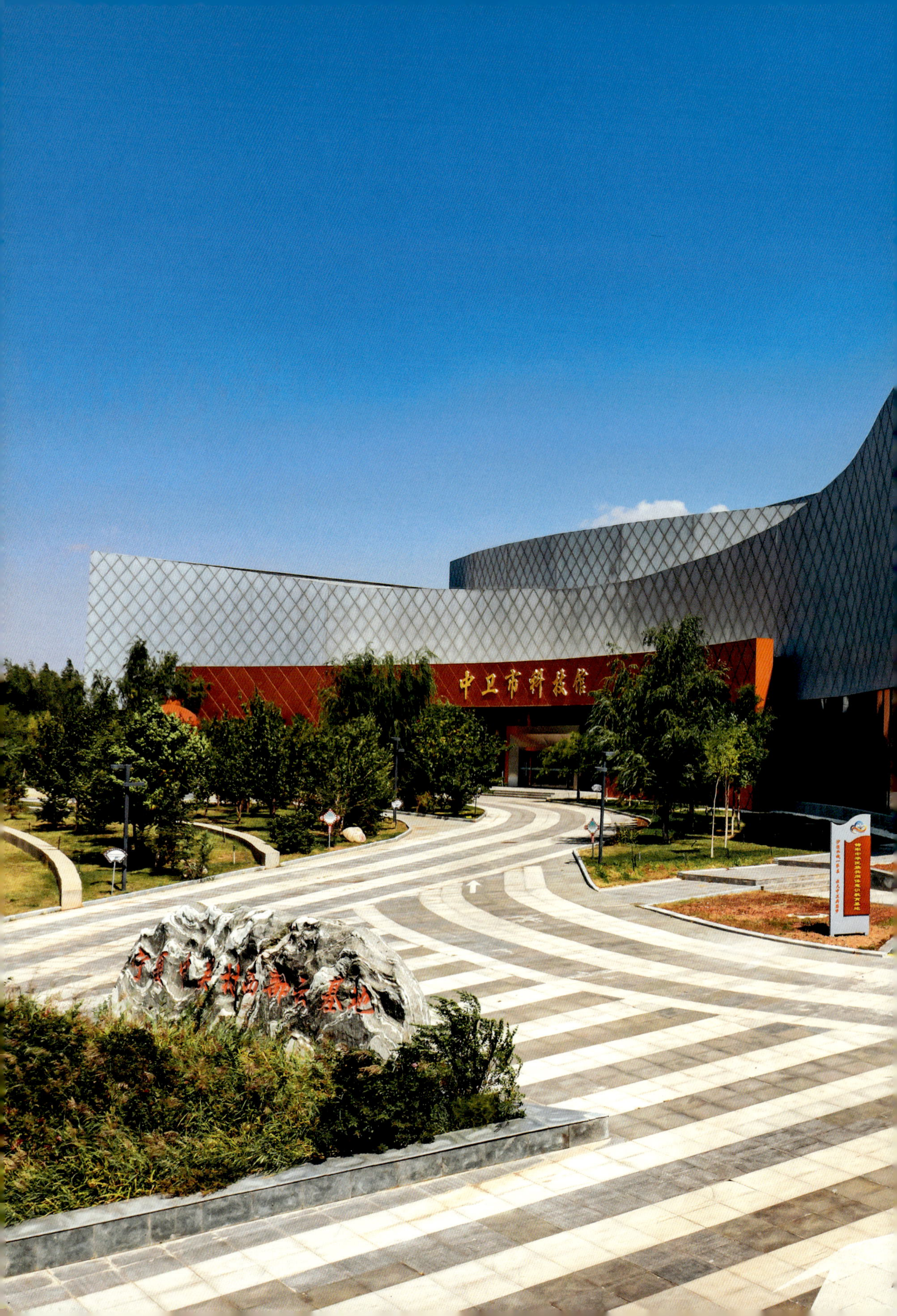
中卫市科技馆

东数西算

"东数西算"是继"西电东送""西气东输"之后的又一国家重大工程，对落实"碳达峰""碳中和"要求、统筹东西部协调发展具有重大而深远的意义。全国一体化算力网络国家枢纽节点宁夏枢纽是国家赋予宁夏的重大战略任务，是推动黄河流域生态保护和高质量发展先行区建设的重要支撑。截至二〇二三年年底，国家（中卫）数据中心集群累计完成投资超过一百亿元人民币，安装标准机架六点七万个。中卫致力于建设国家"东数西算"示范基地，打造"西部数谷"。

中卫在宁夏的位置示意图　　　宁夏在中国的位置示意图

中卫概况

[地理位置
行政区划
地形地貌
气候
人口
经济
资源环境
交通]

中卫市面积 1.74 万平方千米

地理位置

　　中卫市地处宁夏回族自治区中西部、黄河前套之内，位于东经 104°17′~106°10′、北纬 36°06′~37°50′。中卫"东阻大河，西接沙山"，是宁夏、内蒙古、甘肃三省（区）的交界点，也是黄河自流灌溉重要地区。中卫市东临吴忠市，南与固原市及甘肃省靖远县相连，西与甘肃省景泰县接壤，北与内蒙古自治区阿拉善左旗毗邻。东西长约 130 千米，南北宽约 180 千米。

行政区划

　　中卫市辖沙坡头区、中宁县、海原县，共 40 个乡镇，443 个行政村，68 个社区（居委会）。中卫市人民政府驻沙坡头区。

地形地貌

　　中卫市地形复杂，地势由西向东、由南向北倾斜。按地貌类型可分为沙漠、黄河冲积平原、台地、山地与丘陵五大地貌单元。南部地貌多属黄土丘陵沟壑，北部为低山与沙漠。

中卫市行政区划示意图

中卫市地形地貌示意图

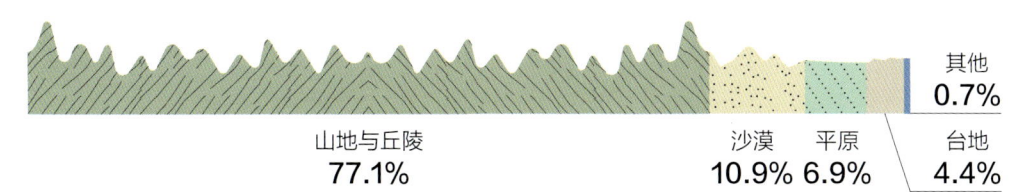

山地与丘陵 77.1%　沙漠 10.9%　平原 6.9%　台地 4.4%　其他 0.7%

气候

中卫市兼具典型的温带大陆性季风气候和沙漠气候的特点，风大沙多，干旱少雨，日照充足，昼夜温差大。主要气象灾害有干旱、暴雨洪涝、低温冻害、冰雹、大风、干热风等。

中卫 气候特点

春暖迟，夏热短
秋凉早，冬寒长

中卫市年平均气温
7.2℃~ 9.6℃
呈北高南低分布

年平均无霜期
169 ~ 175 天

年平均日照时数
2690.7 ~ 2953.8 小时

年平均降水量
186.9 ~ 386.9 毫米
56.9% 集中在夏季，南多北少

年极端最高气温
40.1℃

年极端最低气温
−30.7℃

年平均蒸发量
1746.9 ~ 2208.6 毫米

年平均风速：**2.4 ~ 3.2** 米/秒
盛行风向：东风
年平均大风天数：**16.6** 天
极大风速：**37.9** 米/秒
年平均沙尘暴天数：**4.5** 天

人口

截至 2022 年 12 月 31 日,中卫市户籍人口为 122.15 万人。其中,汉族人口为 76.15 万人,占总人口的 62.3%;回族人口为 45.69 万人,占总人口的 37.4%;其他少数民族人口为 3085 人。户籍城镇人口为 37.52 万人,户籍乡村人口为 84.63 万人。

30.72%
中卫市户籍人口城镇化率

盛世舞龙

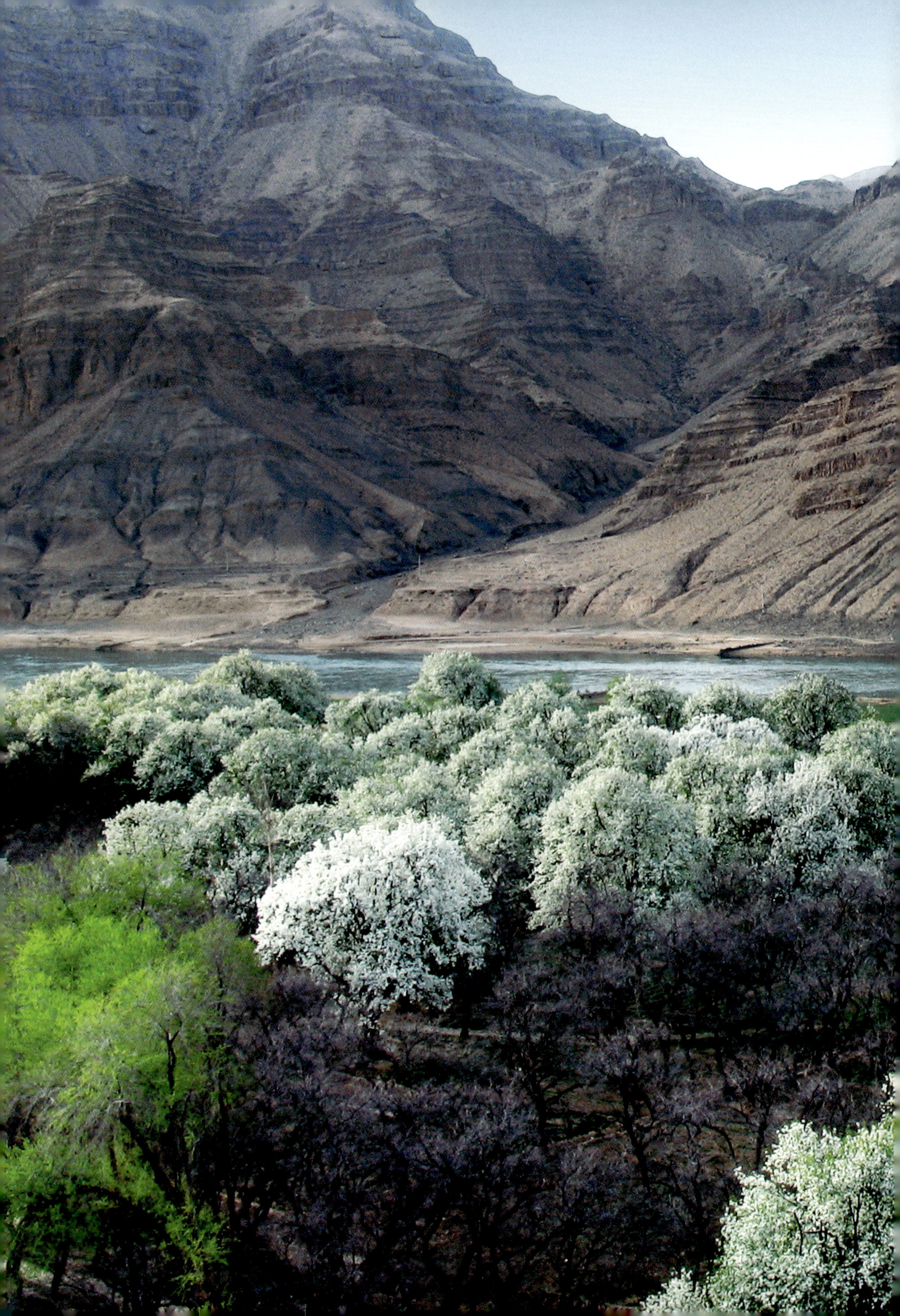

南长滩之春：千树万树梨花开

经济

2022年，中卫市实现GDP563.89亿元，同比增长3.8%。其中，规模以上工业增加值同比增长9.1%，农林牧渔业增加值同比增长4.1%。

作为旅游城市，中卫市2022年共接待游客890万人次，实现旅游总收入53亿元。

第一产业增加值 79.82亿元 14.2%
第二产业增加值 262.88亿元 46.6%
第三产业增加值 221.19亿元 39.2%

中卫市2022年三次产业增加值及结构比例

中卫工业园区内宁夏钢铁（集团）有限责任公司俯瞰图

资源环境

中卫市有土地、矿产、森林、草原、湿地、水等主要自然资源。

耕地 面积 **29.84 万**公顷

林地 面积 **16.05 万**公顷

草地 面积 **68.35 万**公顷

湿地 面积 **0.58 万**公顷

已查明资源量的矿种有 29 种（含亚矿种），矿产地有 96 处（不含砂石、黏土矿产）。主要矿产保有资源量如下：

- 水泥用灰岩 **21.2 亿**吨
- 石膏 **15.9 亿**吨
- 煤炭 **2.5 亿**吨
- 电石用灰岩 **1.7 亿**吨
- 陶瓷土 **2744.7 万**吨

水资源总量 1.092 亿立方米，占宁夏水资源量的 12.24%。

- 年降水量 **34.202 亿**立方米
- 地表水 **1.107 亿**立方米 
- 地下水 **3.328 亿**立方米 

＊以上均为 2022 年数据。

自然保护地：7 个

国家级自然保护区：2 个
宁夏沙坡头国家级自然保护区、宁夏南华山国家级自然保护区

自然公园：5 个
宁夏香山湖国家级湿地公园、宁夏天湖国家级湿地公园、宁夏沙坡头国家沙漠公园、宁夏中宁石峡沟地质公园、宁夏海原地震地质公园

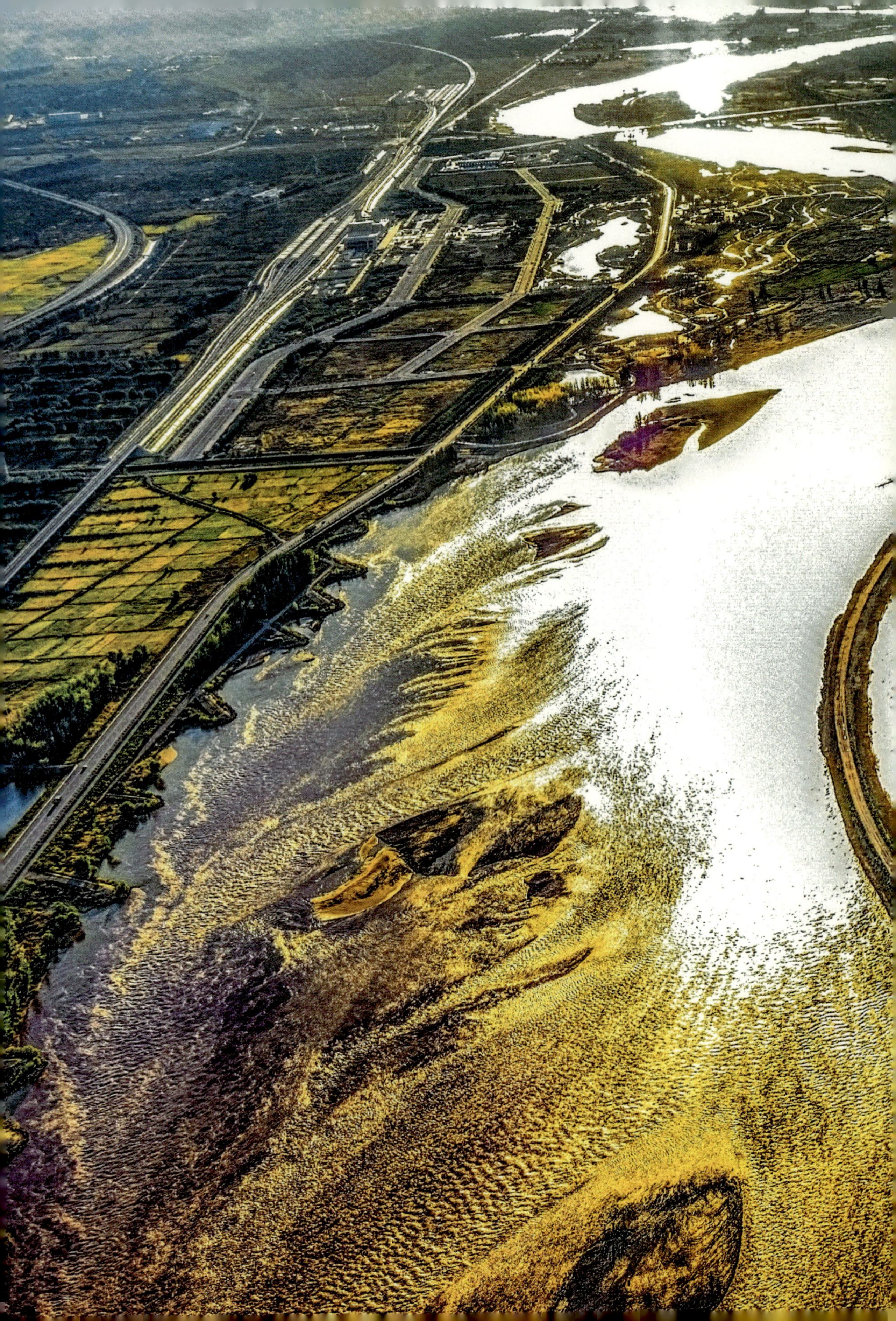

水韵中卫

交通

中卫市作为内陆开放型经济试验区节点城市，是"一带一路"倡议重点区域，地理位置优越，区位优势明显，包兰、宝中、太中银、干武等四条铁路在此交会，京藏、定武、福银、黑海、海同、乌玛等六条高速公路穿境而过，G109、G338、G341、G344 等四条国道贯通全境。中卫既是全国铁路交通大动脉的"西部桥头堡"，也是欧亚大通道"东进西出"的必经之地，基础设施立体互联，综合交通网络持续完善。2021 年 2 月，中共中央、国务院印发了《国家综合立体交通网规划纲要》（2021—2035 年）文件，明确提出加快建设 20 个左右国际性综合交通

枢纽城市以及 80 个左右全国性综合交通枢纽城市。中卫市为全国性综合交通枢纽城市之一。

2020 年年底，吴忠至中卫城际铁路建成投运。2022 年年底，中卫至兰州高速铁路开通。中卫城际铁路、高速铁路实现了"零"的突破。目前，中卫常态化开行中欧、西部陆海新通道国际班列总量突破 100 列。

2021 年 12 月，宁夏首条沙漠公路——乌玛高速公路青铜峡至中卫段建成通车，并入选宁夏"绿色公路"建设示范工程。至此，中卫高速公路"两横一纵一环"网状格局基本形成，实现县级及以上节点全面覆盖；普通国省干线"四纵五横两联"网络基本形成，旅游节点与机场、高速公路实现互通。

中卫迈进高速铁路新时代

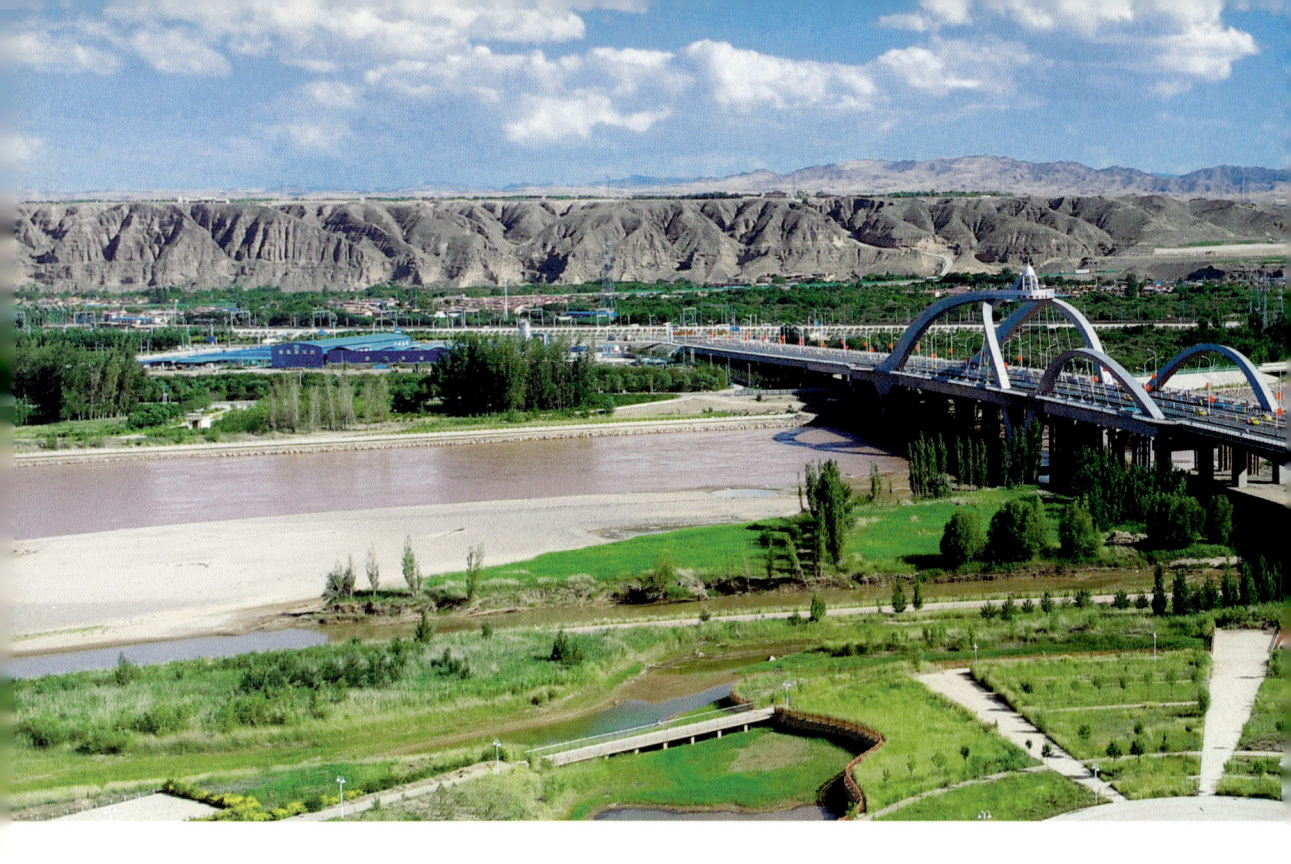

2022年年末中卫市铁路公路概况

铁路网密度
1.88 千米/百平方千米

公路总里程
8808.23 千米

公路网密度
50.16 千米/百平方千米

2022年中卫市公路完成运输总量

货物
7730 万吨

旅客
556 万人次

中卫沙坡头机场先后开通了至北京、上海、广州、西安、重庆、成都、乌鲁木齐等18个通航点的固定航线航班，开通了至昆明、武汉、南昌、沈阳、长沙、宜昌、南通等10多个通航点的旅游包机。截至2022年年底，中卫沙坡头机场旅客吞吐量累计达179.5万人次，货邮吞吐量累计达3067.4吨。

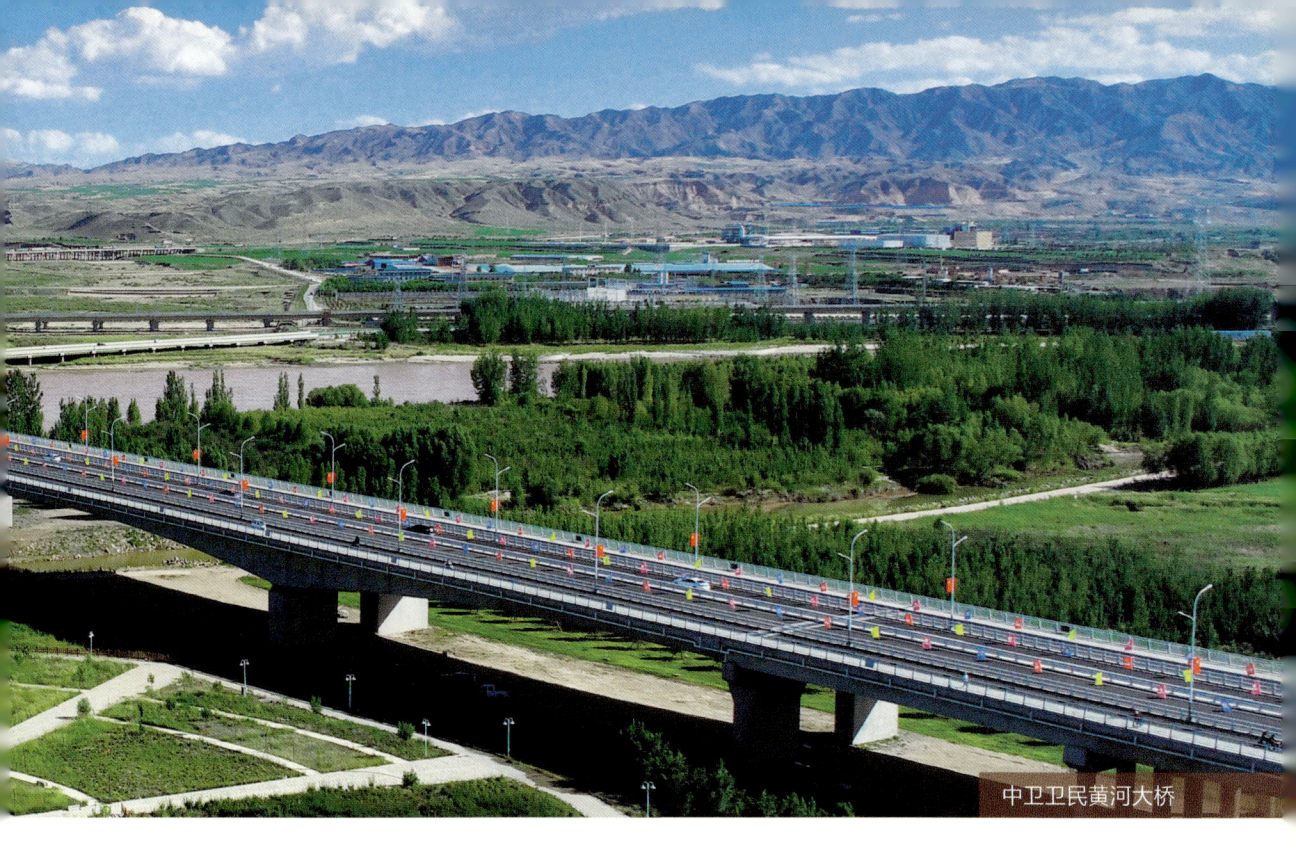

中卫卫民黄河大桥

中卫空中交通示意图

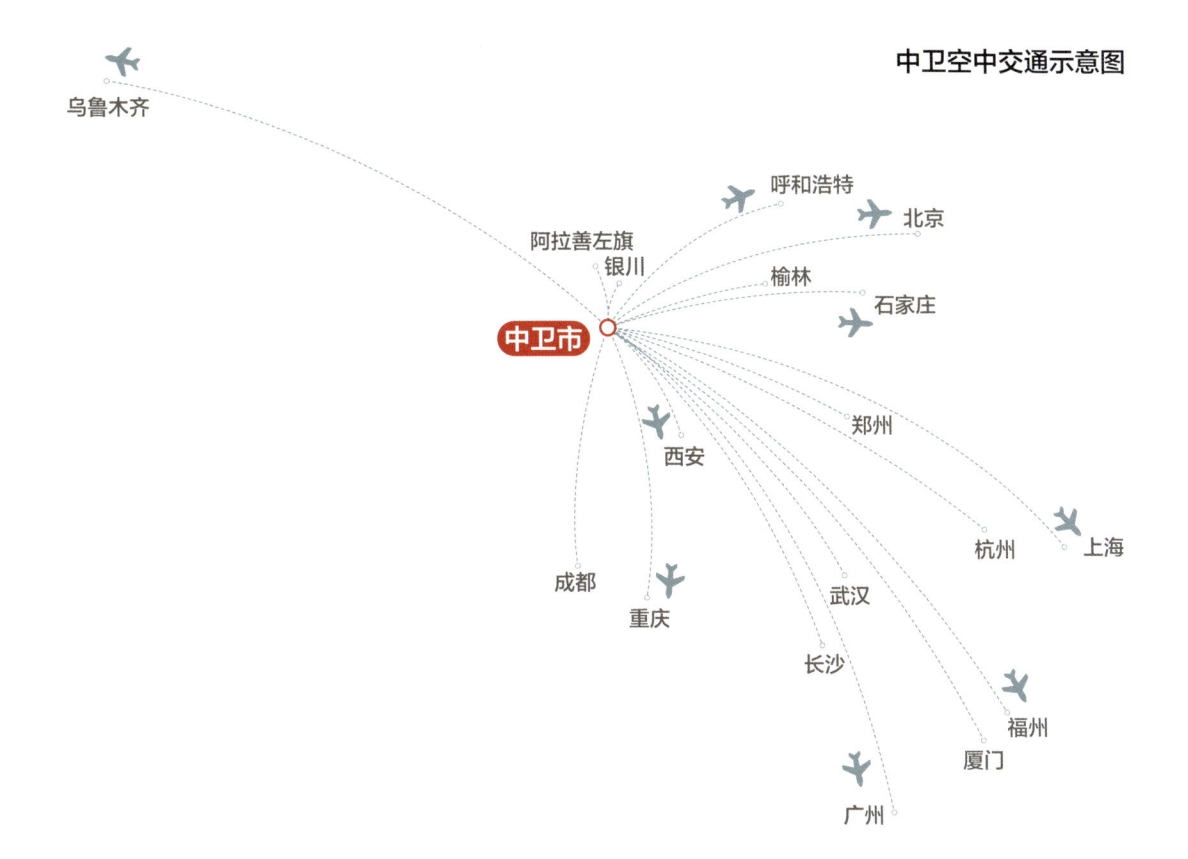

乌鲁木齐
呼和浩特
北京
阿拉善左旗
银川
榆林
石家庄
中卫市
郑州
西安
杭州
上海
成都
重庆
武汉
长沙
福州
厦门
广州

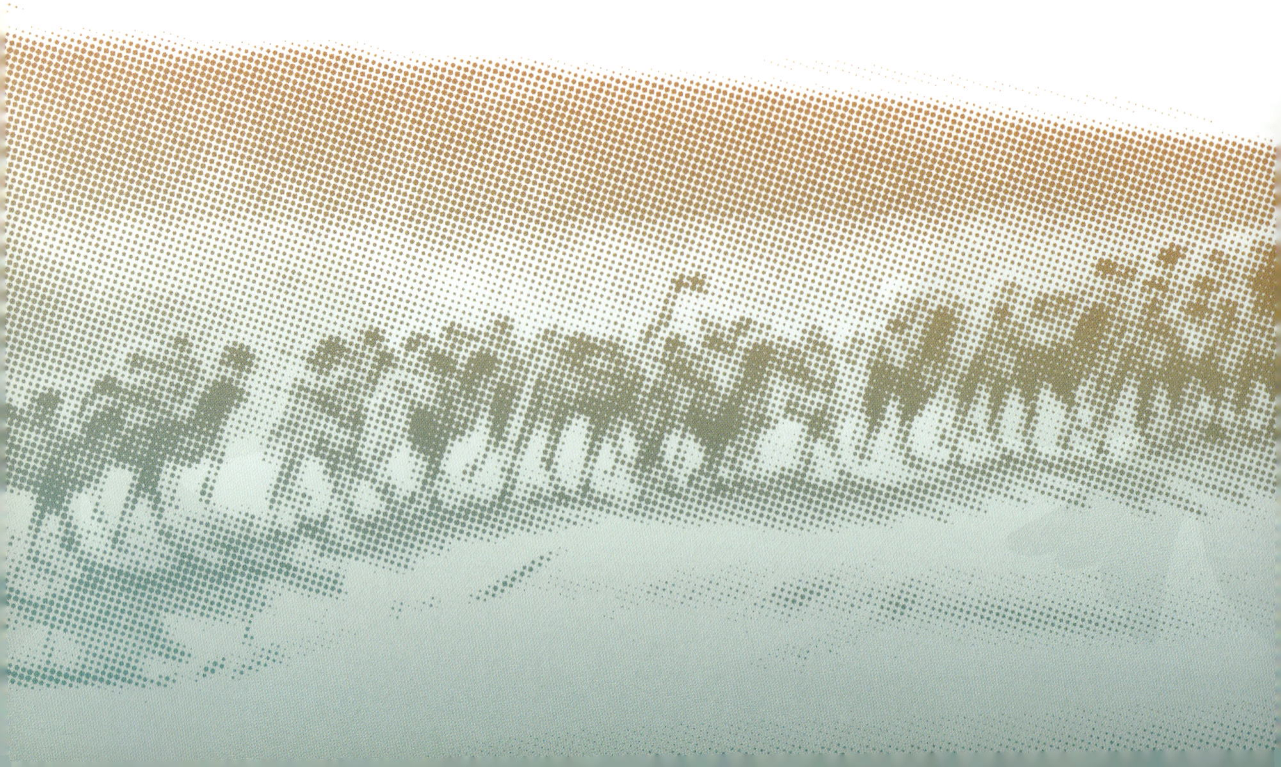

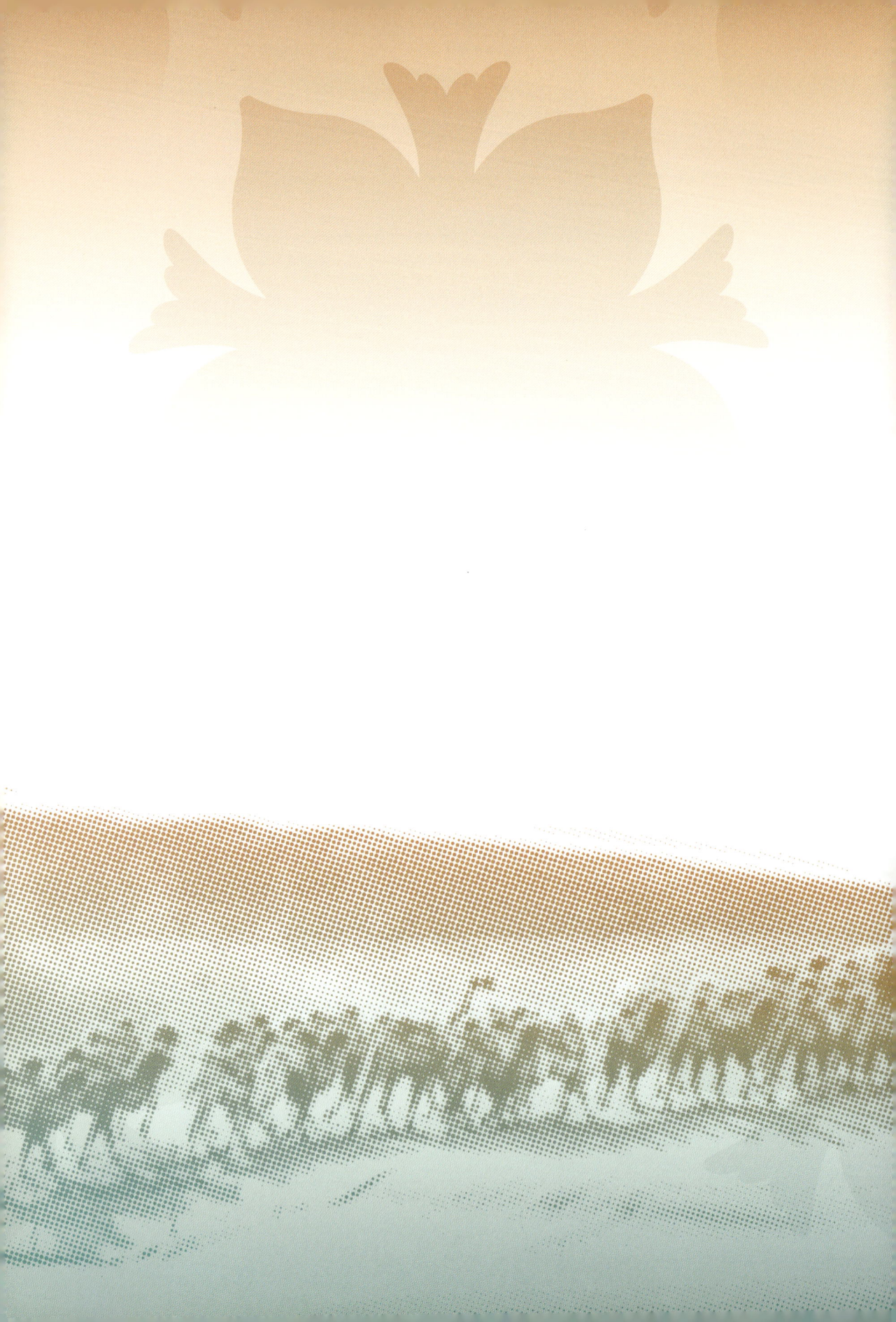

历史撷英

- 石器时代的璀璨文明
- 融入：从西戎到中央王朝
- 丝路古道：石空—武威段
- 军事防御重地
- 成吉思汗与黄河九渡
- 海原大地震
- 红色文化
- 包兰铁路和沙坡头治沙

中卫历史沿革图

史前

- 三万多年前，就有人类在此繁衍生息

- 一碗泉遗址：位于中卫市沙坡头区迎水桥镇，时间跨度从旧石器时代晚期延续至新石器时代，曾采集到石核斧、砍砸器等打制石器工具，以及新石器时代的陶片

- 菜园遗址：为新石器时代文化遗址，位于海原县菜园村南山梁坡地，距今四千八百年至三千九百年，遗址类型在时间上相当于马家窑文化的"石岭下类型""马家窑类型"以及"半山类型"

彩陶壶

大麦地岩画

先秦

- 为羌族和戎族等族群杂居地

秦

- 属北地郡，该郡治所在今吴忠市利通区西北部

西汉

- 置朐卷县，属安定郡，县治在今中宁县宁安镇古城村

南北朝

- 北魏时属灵州鸣沙县，该县治所在今中宁县鸣沙镇
- 北周保定二年（五六二年）在鸣沙置会州，建德六年（五七七年）废会州，置鸣沙镇，镇治在今中宁县鸣沙镇

隋唐和五代

- 隋唐置丰安县，五代后唐置雄州，治所均在今中宁县余丁乡石空村

鸣沙洲塔

中华人民共和国

- 一九五四年，宁夏并入甘肃省，中卫属银川专区
- 一九五八年宁夏回族自治区成立后，中卫、中宁县先后划归银南地区、吴忠市管辖，海原县归固原行政公署管辖
- 二〇〇四年，设立中卫市，辖沙坡头区（原中卫县）、中宁县、海原县

民国

- 一九三三年，中卫县分成中卫、中宁两县

清

- 雍正二年（一七二四年），改称『中卫县』（含今中卫市沙坡头区、中宁县和青铜峡市部分地区），属宁夏府。今海原县属平凉府

明

- 永乐元年（一四〇三年），由右护卫改置为宁夏中卫。中卫一名自此沿用至今。中卫是全国唯一一座以古代军事建制『卫』为名的城市

元

- 置应理州，治所在今中卫市沙坡头区

北宋

- 属昌化镇，治所在今中卫市沙坡头区

石器时代的璀璨文明

自旧石器时代至新石器时代，中卫先民走过艰辛历程，在不断迁徙中发展，创造了璀璨的石器时代文明。

中卫文化发源地

在今中卫市沙坡头区迎水桥镇的一碗泉、孟家湾等黄河沿岸地带，发掘出了距今三万年左右的旧石器时代晚期人类活动遗迹。同样在今海原县的南华山山麓也发现了距今三万年左右的人类活动迹象。这两个区域成为中卫地区旧石器时代文化的发源地，当地先民通过交流互动，形成了不同的文化类型。

从旧石器时代遗址分布情况看，远古时期，中卫乃至宁夏地区的人类活动较少，活动区域也相对集中。

黄河沿岸的马家窑文化

进入新石器时代，中卫地区的人类活动日益频繁。由于此地不断

新石器时代古人生活场景模拟图

受到位于今甘青地区的马家窑文化的影响，故而大部分新石器时代遗址中均能发现具有马家窑文化特征的彩陶片。

在这一时期，黄河沿岸的人类活动区域不断扩展，除一碗泉、孟家湾等地自旧石器时代延续至新石器时代外，在今沙坡头区的长流水、北长滩，中宁县的风塘子沟、清水河、恩和等地也留下了古代人类的足迹。这些区域出土的具有马家窑文化特征的彩陶，充分展示出具有地域特征的细石器文化。通过对各类遗存观察发现，中卫地区黄河沿岸的新石器时代文化更加偏向于迁移式的狩猎经济。在中卫卫宁北山的大麦地、黄羊湾、石马湾等地和黄河南岸香山局部地区，发现了数量繁多的岩画。根据这些岩画的刻痕和内容分析，至迟在新石器时代，古代人类就已在这些地方游牧、狩猎。

海原地区的菜园文化

菜园文化遗址距今4800年至3900年，为新石器时代中晚期文化遗址，在时间上相当于马家窑文化的"石岭下类型""马家窑类型"以及"半山类型"。

菜园文化主要分布于海原南华山、月亮山，固原清水河中上游，以及六盘山东麓的彭阳红河流域和茹河流域一带，海原南华山地区是菜园文化的核心分布区。菜园文化遗址地处南华山北麓，南依灵光寺遗址，西靠西安镇白吉村，东临海城镇野狐坡村，位于海原县城西南10千米处、西安镇菜园村南山梁坡地，海拔1800米，面积41250平方米。

1984年，宁夏回族自治区在文物普查时发现了菜园新石器时代文化遗址。从1985年5月到1988年年底，宁夏文物考古研究所（原宁夏博物馆考古队）、中国历史博物馆考古部和北京大学考古系等单位先后在此进行发掘和清理，共布探方297个，总揭露面积6921平方米，清理墓葬138座、房址15座、窖穴灰坑65个、窑址1座，出土各类完整或可辨器物5000余件，这些器物主要为石器、陶器、骨器等生产工具、生活器皿及装饰品。这些考古发现对西北地区新石器时代文化研究有重要的参考价值，特别是为这一时期的居址、葬俗、灯具等研究提供了重要的实物资料。

菜园文化的内涵揭示了齐家文化的主体是从菜园文化中孕育出来的，菜园文化是自成体系的原始土著文化。这对解决考古学界长期存在的关于齐家文化渊源的纷争有着重要意义。在分布地域上，菜园文化与齐家文化在陕甘宁交界带的泾河和清水河上游有大片重合区；在时间上，菜园文化早于齐家文化，二者在生产形态、生活方式、常用器皿、葬俗等方面显示出一定的有机联系。从考古学文化的角度考察，菜园文化是齐家文化成因中不可缺少的要素。

菜园文化遗址考古资料具有鲜明的土著文化特征，独特性很强。在林子梁遗址，发现了最早的窑洞式房屋遗址。该窑洞式房屋由半圆形

菜园文化遗址全貌

场院、长条形过道、过洞式门洞和椭圆形居室四部分构成，地面铺有一层光滑坚硬的黑垆土，洞壁有"壁灯"烧灼的痕迹。该窑洞式房屋布局完整、结构合理、实用性强，是我国迄今发现的最大一处窑洞式房屋遗址。其保存之好，为中国建筑史所罕见。该凿山开洞辟房屋的技术在我国一直沿用了4000多年。该窑洞式房屋遗址不仅为研究和复原中国原始社会窑洞式的建筑结构提供了实证，还为揭示宁夏南部固原地区新石器时代文化的基本面貌、文化内涵及文化属性，探讨宁夏南部地区与邻近地区其他新石器时代文化之间的关系，提供了珍贵的实物资料。

后来，在1986年和1987年复查的基础上，有关部门又对固原地区的西吉、固原（今原州区）、隆德、彭阳四县的22处新石器时代文化遗址进行了复查。结果表明，在宁夏南部山区以及甘肃陇东纵横百里的范围内，尽管有六盘山的阻隔，但清水河、葫芦河、泾河等流域的先民，仍然交流频繁，联系密切，他们共同创造了具有浓厚地域特征的原始文化。菜园文化就是这一文化的典型代表。

旧石器时代文物

石镞、石叶 自长流水遗址采集。18件，长1.2～2.1厘米。石英岩，系从岩料上剥离的细石器石叶，扁薄，呈尖锥体形（部分尖部残断）。有的两侧有加工修整痕迹

手斧 自一碗泉遗址采集。长25厘米，宽8厘米。石英岩，略呈长方体形，两端有使用痕迹

石核斧 自一碗泉遗址采集。长6.5厘米，宽5厘米，厚3.5厘米。石英岩，系多次剥离石叶形成的石核，呈锥体形。底部为修整过的台面，尖部有使用痕迹

新石器时代文物

骨器、石器

◀ 骨刀
为动物骨骼磨制而成,略残。残长 21 厘米,宽 3 厘米,刃厚 0.1 厘米。柳叶形,两端略尖,两面打磨光滑,其中一面略凹,其上划刻斜方格纹

石刀 ▶
页岩,磨制,青灰色,残。长 12 厘米,宽 4.4 厘米,厚 4.5 厘米。长方形,双面刃,刃部因使用故中部略凹。柄中部对钻 3 个直径 0.5 厘米左右的穿孔

石纺轮 ▶
花岗岩,磨制。直径 7 厘米,厚 4 厘米。车轮形,中部对钻 1 个直径 2 厘米的穿孔

◀ 石斧
为自然砾石打磨而成,仅刃部打磨光滑。上者长 17.7 厘米,宽 6.7 厘米,厚 3.5 厘米,为双面刃。下者长 20 厘米,宽 5 厘米,厚 4 厘米,为单面刃

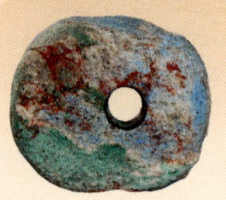

◀ 石珠

自长流水遗址地表采集。磨制，绿蓝色，椭圆形，左侧石珠长轴为1.4厘米，短轴为0.93厘米，厚0.3厘米；中间石珠长轴为1.3厘米，短轴为1.1厘米，厚0.4厘米；右侧石珠略残，长轴为0.8厘米，短轴为0.8厘米，厚0.3厘米。三颗石珠中部均钻有1个直径0.2厘米的穿孔

石刀、石镞 ▶

自沙坡头区香山乡黄泉村沙塘采集。石刀（左）刃部由打制石英岩石片磨制而成，石刀略呈尖锥体形，一侧直刃。石镞（右）由石英岩打制而成，两翼，短铤

玉器

◀ 玉刀

石英岩，磨制。上宽9.5厘米，下宽3.8厘米，厚0.5厘米。略呈梯形，双面弧刃，柄端钻有1个直径0.7厘米的穿孔。通体光滑

玉璧 ▶

浅绿色，磨制。直径6.5厘米，厚0.3厘米。圆形略扁，通体打磨光滑，中部对钻1个直径1厘米的穿孔

陶器

腹耳壶
属马家窑文化"半山类型"。泥质红陶,轮制。口径 7 厘米,底径 8 厘米,腹径 22 厘米,高 21 厘米。侈口,尖圆唇,矮束颈,广肩,鼓腹,小平底。腹部有对称的双竖耳。颈部饰黑色和红色色带,肩部饰四组由黑色和红色组成的圆圈网状纹,腹下部饰垂弧纹

双耳罐
属"菜园类型"。泥质红陶,轮制,残。口径 9 厘米,底径 7 厘米,腹围 42 厘米,高 10.5 厘米。敞口,圆唇,颈部较高,腹中部外鼓,下部急收,小平底;腹上部和罐口间为对称的双竖耳,耳面贴竖向附加堆纹。口沿内侧和腹中部以上饰黑紫双彩,其中口沿内侧饰一周宽弦纹和斜向竖条纹,颈部饰倒三角形纹和锯齿状纹,腹上部饰圈点纹

单耳杯
泥质红陶,轮制。口径 4 厘米,底径 4.5 厘米,腹径 5.7 厘米,高 8 厘米。敞口,略束颈,筒状腹,平底。竖耳略高于杯口。腹部饰黑色网格纹

陶纺轮
自一碗泉遗址采集。直径 4 厘米,中心处孔径 1 厘米,厚 2 厘米。由陶器残片磨制而成。残,圆形,周缘有 3 个穿孔,系原器破损后修补时的钻孔

注:以上文物均藏于宁夏中卫博物馆

融入：从西戎到中央王朝

夏商时期，羌、戎已经生活在宁夏南部地区及中卫地区。西周时期，这一区域族群众多且复杂。根据相关资料考证分析，西周早期的西北边域有姬周与姜戎的混居地，两族融合，结成盟姻关系。同时，两族又与西羌、戎狄、犬戎等族群毗邻，重点族群交错分布。

至春秋战国时期，随着纷争的加剧、族群的迁徙融合，在西北地区逐渐出现了一些古国，即"西戎八国"。在宁夏北部地区，主要为朐衍戎，宁夏南部地区则为乌氏戎、义渠戎等。朐衍、义渠二戎国，其成员基本为西戎族，同时也融合了部分犬戎、鬼方，且与北狄交错，生产、生活习俗受其影响，这从宁夏南部地区及中卫发现的具有北方游牧民族特色的春秋战国时期青铜文化遗存可见一斑。

北方青铜文化遗存以北方游牧民族在中卫狼窝子坑、沙塘、小湖岗等地留下的遗存最具代表性，如中卫狼窝子坑青铜短剑墓群中，就出土了数量众多的青铜器。这些随葬品以马具和兵器为主，马具有衔、环、当卢等，兵器除独特的青铜短剑外，还有管銎斧、镞等。在墓群中还出土了铜柄铁剑，这为研究我国人工制铁的时代、用铁的地区提供了极为重要的实物资料。这些墓葬出土器物具有明确的畜牧经济特征，与内蒙古等周边区域春秋战国时期的墓葬遗物相似，由此推测其时代大体一致。

这一时期，生活在中卫地区的先人留下了较多的历史痕迹。如在今沙坡头区卫宁北山，有全国重点文物保护单位照壁山铜矿遗址。经考证，照壁山铜矿遗址在春秋战国时期就已开采冶炼，西汉时形成较大规模。照壁山铜矿遗址西侧，就是著名的大麦地岩画，岩画中猎人所持的剑便是青铜短剑形制。

汉代照壁山铜矿遗址

秦统一中国后，建立中央政权，中卫地区归于王朝版图，划属北地郡。秦汉交替之际，匈奴趁机发展，至汉武帝彻底击败匈奴，宁夏地区成为安置被降伏匈奴的重地。西汉元鼎三年（公元前114年），北地郡西南析置安定郡、设眴卷县。在今沙坡头区常乐镇、宣和镇，海原县西安镇等地发现大量汉墓，经考古发掘，其时代自西汉延续至东汉，墓中除出土汉五铢钱、各类模型明器外，还发现铜带钩、铜镜、木梳等具

铜柄铁剑（残）

春秋环首绳纹铜剑

骨镞

有汉代风格特征的随葬品。另外，常乐汉墓 M7 中出土的人骨经初步鉴定，确定属欧罗巴人种，为迄今为止国内（除新疆以外）发现的时代最早的西方人种资料，这一发现把西方人种进入黄河中上游的时间提前到了西汉末期。根据中卫地区汉墓形制及出土文物特点，结合汉代移民的大背景分析，汉代中卫地区有大量的戍边军民，这进一步佐证了汉朝对中卫地区实施统治的历史事实。

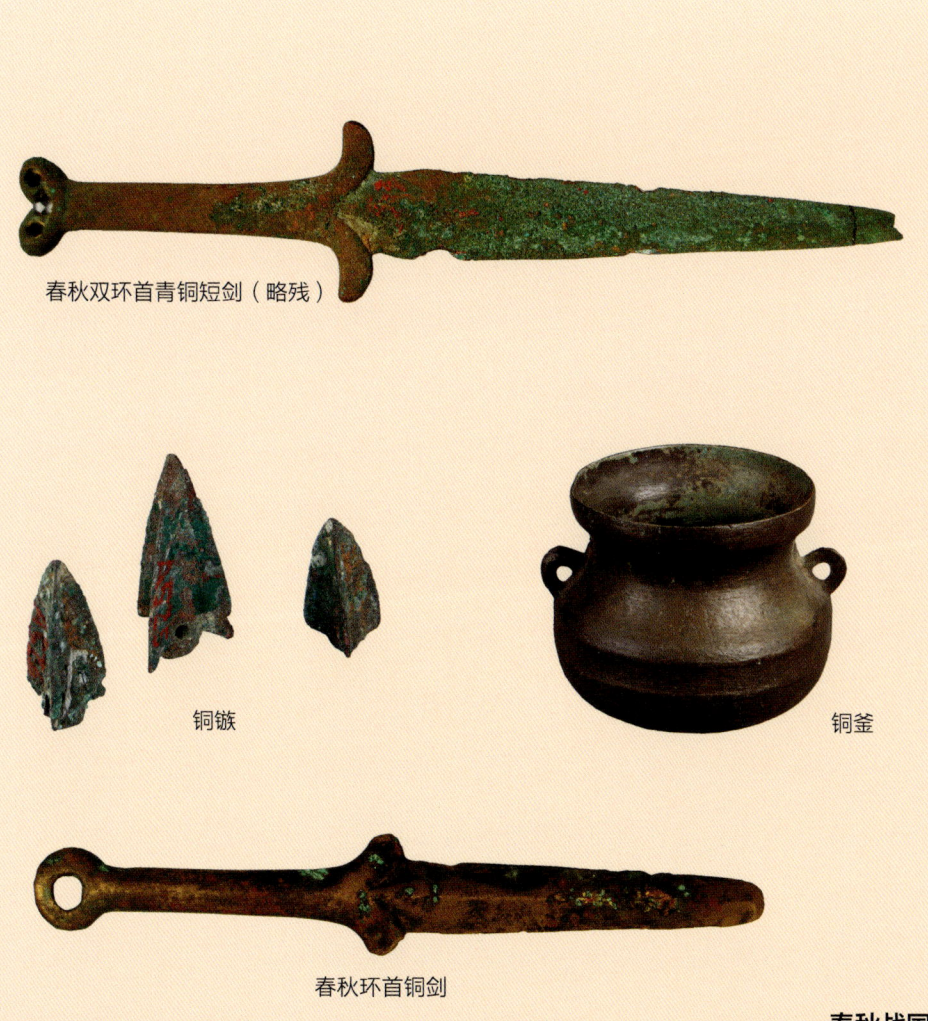

春秋双环首青铜短剑（略残）

铜镞

铜釜

春秋环首铜剑

春秋战国时期文物遗存

丝路古道：石空—武威段

宁夏中卫市地处古都西安与河西走廊之间，交通发达，为古丝绸之路必经之地。在多个历史时期，中卫境内的丝绸之路古道上，大批外国使节、胡客商贩、僧侣络绎往来，促进了中西政治、经济、文化的交流，形成了具有地域性、独特性的历史文化。在今中宁县、沙坡头区有唐末五代至宋初的灵州—西域道绵延在黄河北岸，有西夏时期的兴庆府—玉门关道沿贺兰山东麓南下，经中卫黄河北岸向西绵延；在今海原县有西汉至盛唐的没烟峡古丝绸之路、萧关古丝绸之路，北宋的石门关古丝绸之路穿过。此外还有唐朝的萧关—威州—灵州道、北魏的灵州—原州道，跨越了今中卫、吴忠和银川。

海原县处于丝绸之路东段北道的交通要道上，汉至隋唐时期，丝绸之路在海原县境分为没烟峡古丝绸之路和萧关古丝绸之路两条支线。没烟峡古丝绸之路由西安沿泾河向西北行，进入固原城后沿清水河向北，经三营进入海原县黑城（古称"没烟前峡"，今三河镇），再沿没烟后峡（今海原县三河镇西苋麻河谷内）至郑旗、贾塘，再经海原县城、西安州（今西安镇）、干盐池（今甘盐池），进入甘肃靖远县东北的石门附近渡黄河。没烟峡古丝绸之路全程为800千米，其中海原县境内长120千米，自西汉起即在全线设驿站，当时称"置"。1930年出土的居延汉简记有长安（今陕西西安）至高平（今固原市原州区）所设驿站站名及里程，可惜海原县境各驿站缺乏文献记载。没烟峡古丝绸之路沿途平坦，东汉时光武帝刘秀亲征高平，浩浩荡荡的大军与战车就在这条路上卷起滚滚烟尘。

萧关古丝绸之路为汉唐古道，为唐代长安—凉州北道的别名，也称"萧关道"。萧关道进入海原县黑城后，向北沿清水河经隋唐所设之萧关（即他楼县城，今七营镇北嘴古城），进入同心县境。萧关道为著名古道，仅《全唐诗》中就收录有与萧关道相关的诗40多首。如王维的《使至塞上》："单车欲问边，属国过居延。征蓬出汉塞，归雁入胡天。大漠孤烟直，长河落日圆。萧关逢候骑，都护在燕然。"又如王昌龄的《塞上曲》："蝉鸣空桑林，八月萧关道。出塞入塞寒，处处黄芦草。从来幽并客，皆共尘沙老。莫学游侠儿，矜夸紫骝好。"

石门关古丝绸之路为北宋时期著名古道，也是在海原境内分支较多的古道。石门关古丝绸之路沿茹河进入固原后向北，至三营折而向西，经宋平夏城（位于今黄铎堡镇），出唐石门关（今固原市原州区须弥山寺口子），进入海原县李俊乡，沿杨明河进入红羊后折而向北，经关庄乡窑儿梁后山水系，沿菠萝泉，从树台乡大嘴、红洪井子、刘河、二百户、七百户一带到刘家井河分为两条：一条西行绕甘肃靖远县种田沟一带到双铺；一条至西安州后又分为两条支路，一路由西安州到兴仁，再到靖远，另一路由西安州经干盐池至靖远县打剌赤。

灵州—原州道从北魏起成为驿道，唐代先后有两位皇帝从此经过：

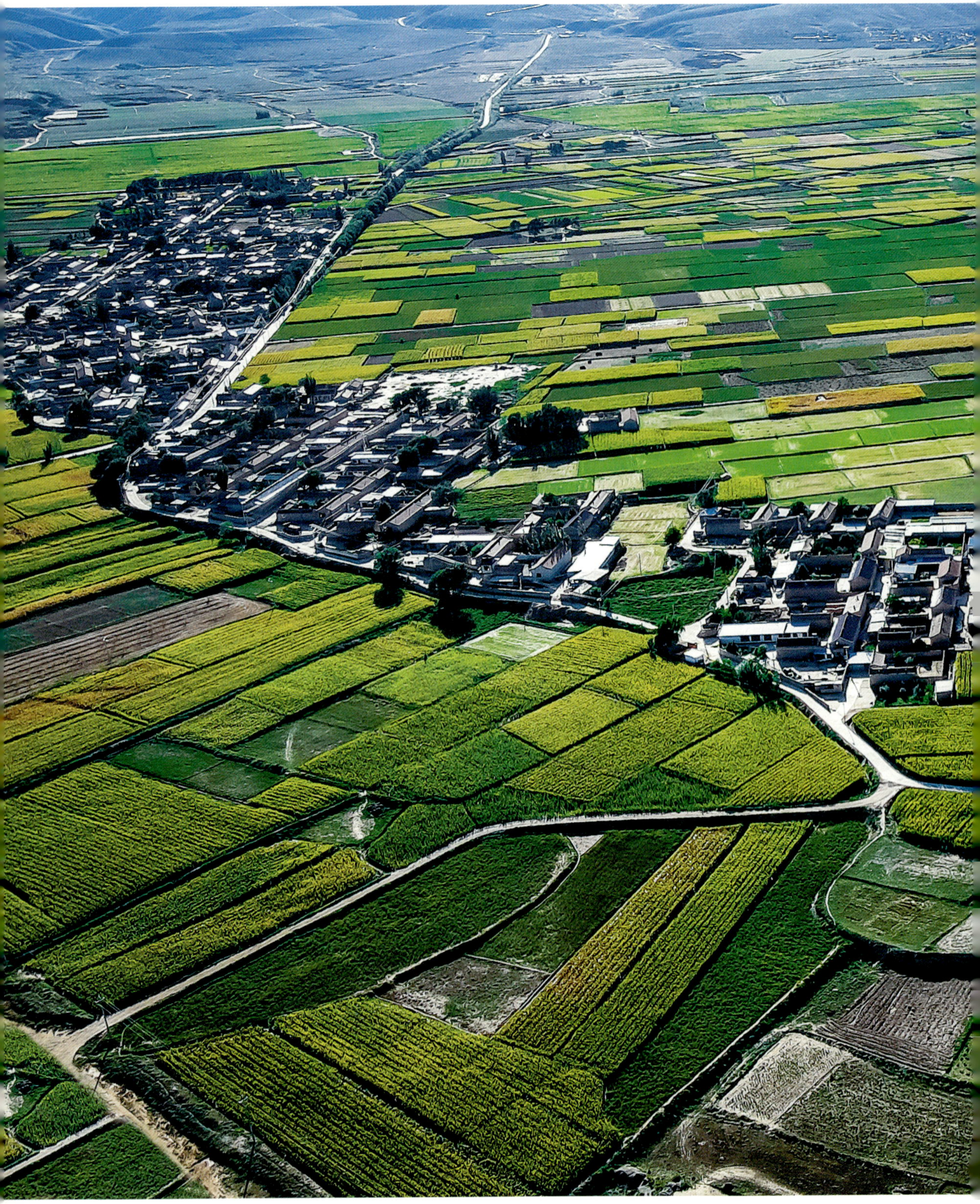

海原西安州古城今貌

唐贞观二十年（646年）的唐太宗，天宝十五载（756年）的太子李亨，两人均从长安经此路北上灵州。相关史籍均较清晰地记录了李亨行经的地点，如平凉郡（今固原市原州区）、白草军城（今海原县李旺镇）、黄河渡口、鸣沙县（今中宁县鸣沙镇）等地。这条古道全长330千米，通大车。其中，中宁县境内北起鸣沙镇，南至盐兴路岔口，长65千米；海原县境内北起高崖乡，南至三河镇岔口，计54千米长。

萧关—威州—灵州道由唐代邠宁节度使白敏中规划建设，当时称"萧关通灵威路"。唐大中三年（849年），唐军从吐蕃手中收复原州（今固原市原州区）等三州七关后，从萧关县（今海原县李旺镇东北）经威州（今同心县下马关乡红城水村）、温池县（今盐池县惠安堡镇老盐池村）至灵州新辟此条驿道，全程长295千米。

灵州西域道是灵州道向河西走廊、西域的延伸线，成为唐末五代至宋初的丝绸之路主线，唐大中六年至大中九年（852—855年）辟通，北宋咸平五年（1002年）李继迁攻占灵州前一直在使用。长安至灵州距离625千米，完全使用灵州道。该道自灵州渡黄河后，沿黄河外侧而行，经过今青铜峡市，再经今中宁县、沙坡头区，越白亭河至凉州（今甘肃武威），全程长450千米，其中今宁夏境内长226千米，中卫市境内长160千米。当时沿线30里一驿，还有驿亭，可惜驿站之名皆失传。据《新五代史》记载，义成军节度使冯晖上任后，"治仓库、亭馆千余区"。

兴庆府—玉门关道是西夏时期由都城兴庆府（今银川）连接河西走廊的驿道。《西夏地形图》详细标示了这条路，具体走向是：从兴庆府向西沿贺兰山东麓南下，经西夏陵、贺兰军（今平吉堡）、顺州（今青铜峡市邵岗镇西），折向西经中宁、沙坡头区、甘塘，再折向西北至

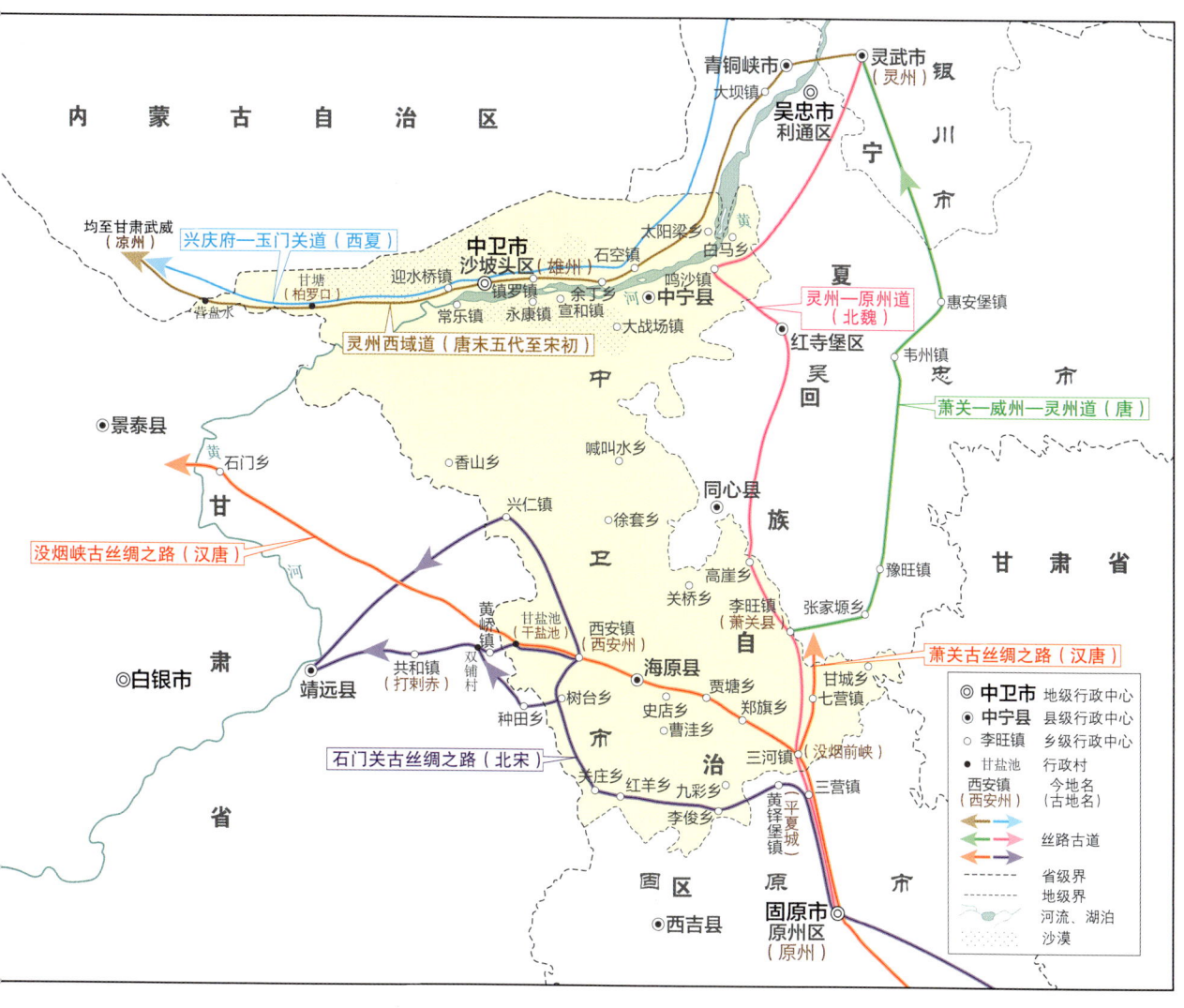

丝路古道示意图

西凉府（即古凉州，今甘肃武威），从兴庆府至此490千米。然后沿河西走廊出古玉门关（今敦煌市西北小方盘古城）。河西走廊各州，皆属西夏重镇，多数设有监军司。玉门关再西，即属回鹘境，可经天山南北两道抵西域各国。这条驿道在西夏境内长约1450千米，在今中卫市境内长约160千米。

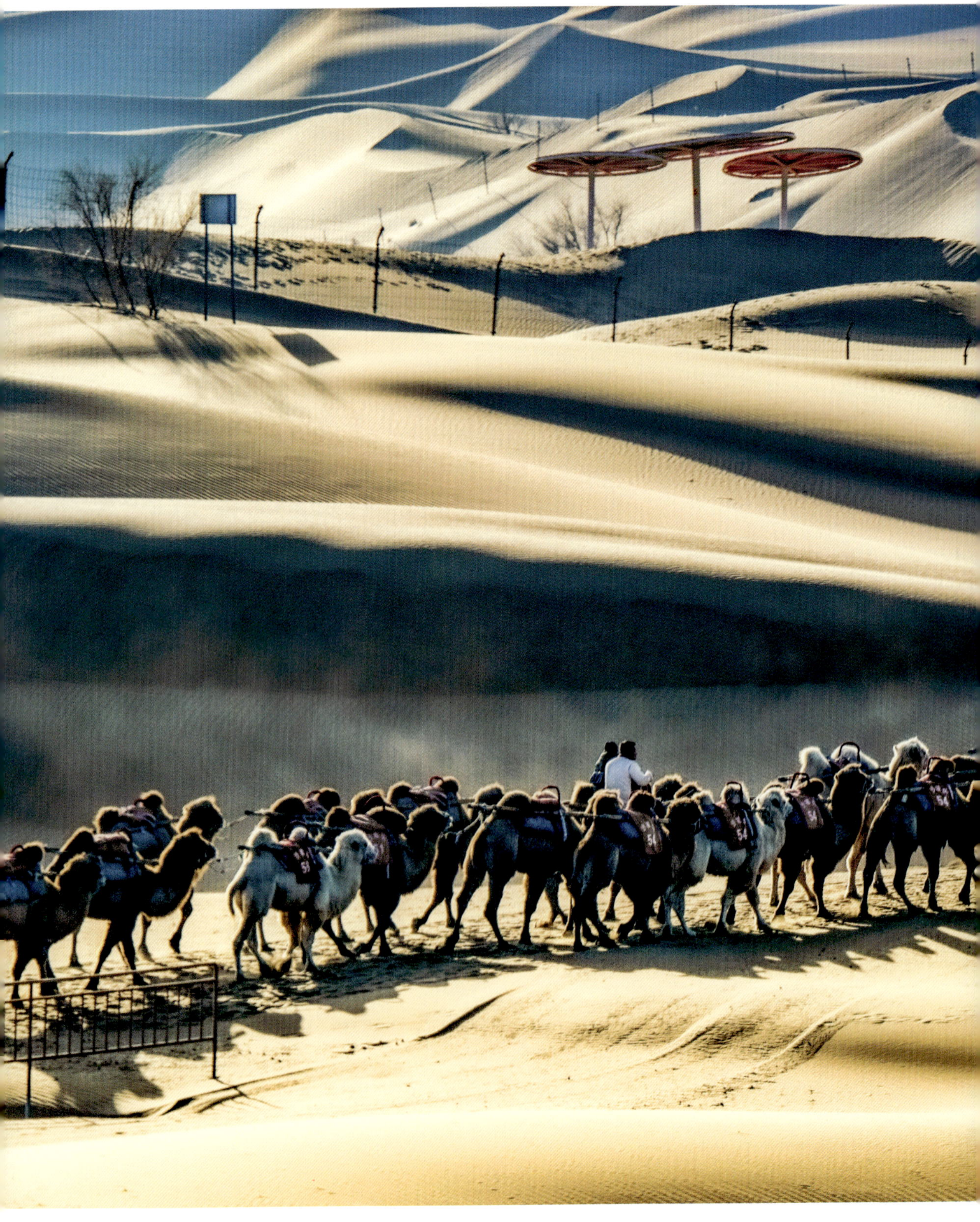

沙漠又闻驼铃声

军事防御重地

在明代，中卫为"宁夏七卫"之一。中卫南有六盘山余脉南华山、祁连山余脉香山，北有卫宁北山和腾格里沙漠，中间平原又有黄河横贯，形成自然屏障和天险。

境内遗存的古代军事工程历史悠久，历代长城烽燧、城池堡寨、山口古道、军塘驿站、津渡码头等设施自成体系。中卫前有黄河之险，后接贺兰山之固，扼守宁夏西大门，自古为兵家必争之重镇。

秦代，为防御匈奴南下，中卫便成为驻军防守、屯垦实边的边塞要地。此后，唐置丰安县，元置应理州，明代则设宁夏西路中卫。明代屯垦戍边发展最盛，中卫境内一时墩台哨所相望，城堡营垒遍布，成为"后接贺兰之固，前有大河之险"的边陲要地。

在明代，今中卫地区是连接宁夏镇与固原镇的重要战略支点，鞑靼对宁夏地区的侵扰数次都以中卫地区为突破口。嘉靖年间绘制的《宁夏镇战守图略》中的《中卫图说》对中卫战略攻守情形作了详细

明代宁夏镇中的宁夏卫和中卫

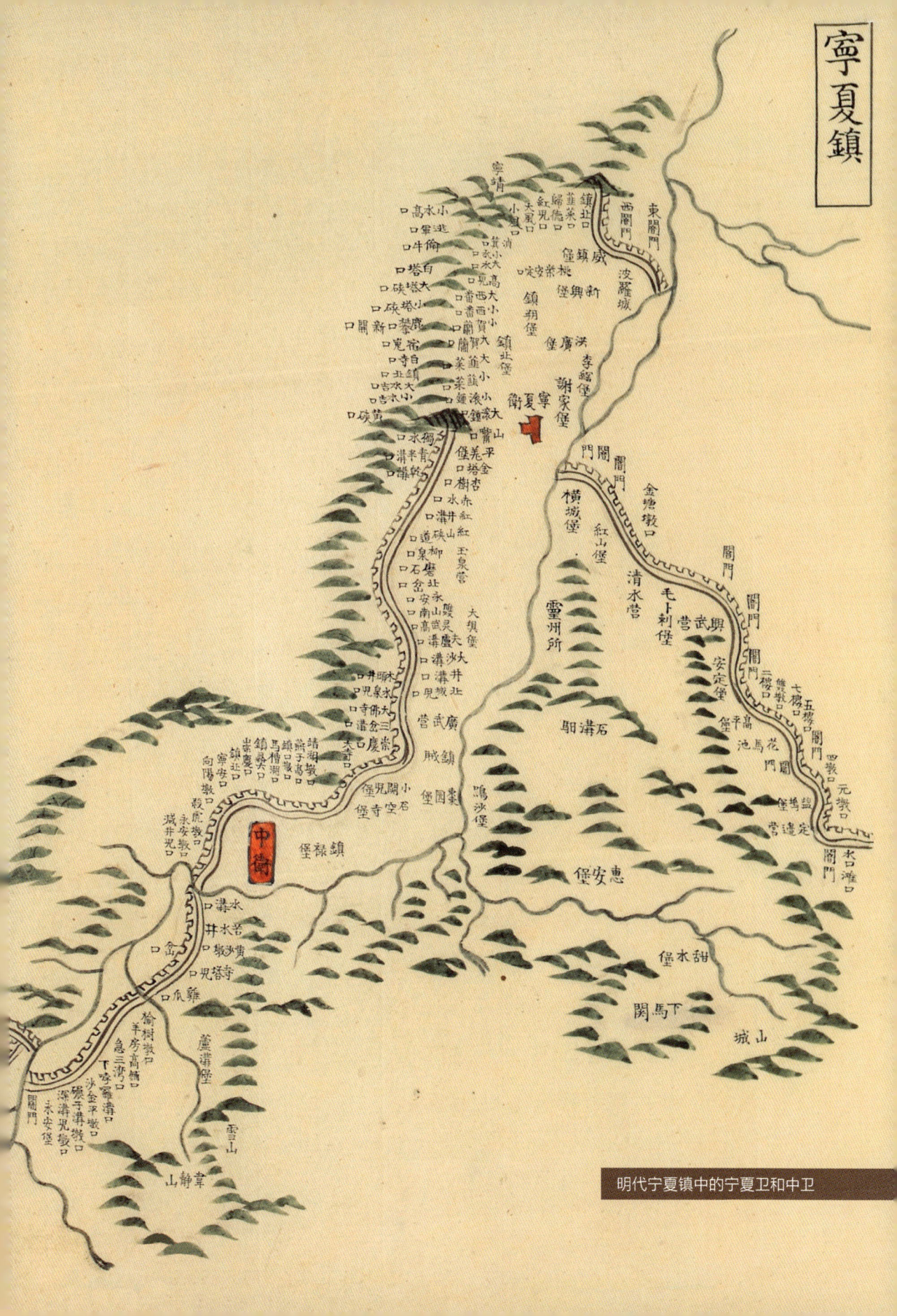

论述："中卫左联宁夏，右通庄浪，为河西重地。宣德初以守备守之，至正统间改设参将，领兵不满二千。城孤悬寡援，所恃者大河环绕，夏秋可保无虞，使更加以边城之险，万无一失。而今边则无所赖矣。然边险之最为紧要者，自镇关墩以至胜金关东九十余里，俱虏寇出没之处，防御维难，今之要务，惟筑边为先。大要虏寇侵犯之期，冬月居多。如由河南岔口及皂矾等口而入，首犯常乐、永康二堡，深入则靖虏、打剌赤、干盐池、西安州皆所掠也；宜量其声势大小，发固靖兵马，据险御之，回则以中卫、石空、枣园之兵沿河拒敌。如由河北镇关墩、胜金关等处而入，首犯永康、宣和二堡，深入则海剌都、红古城、半个城皆所掠也；亦宜量其声势大小，发固靖兵马，据险御之，回则以中卫、镇虏之兵沿河拒敌，虽不足以获大捷，而偾事之咎或可免也。"

位于今沙坡头区与中宁县交界处的胜金关，是当时宁夏镇西长城的重要关隘，与赤木关、打硙口、镇远关并称宁夏"城防四隘"。

据史料记载，为防范北方游牧民族的侵袭，明弘治六年（1493年），西路中卫参将韩玉修筑此关，"谓其过于金陡潼关"，故名胜金关。胜金关有"傍山临河，路通一线，一夫当关，万夫莫过"之险。又因其地三面受制，一面临河，一旦失守，则再无险可守，敌军便可长驱直入中卫之地，故此地实属绝地。清代中卫人周守域有《胜金关怀古》诗云："银川到此启管键，襟山带水不可越……明时始有韩参军，大起楼橹镇边防。"

清末到民国，中卫边防功能逐渐消失，但其作为从祖国腹地通往甘肃、青海、新疆等地区的交通要道，地位始终没有改变，而且还得到了加强。

明嘉靖年间绘制的《宁夏镇战守图略》中的《中卫城图》

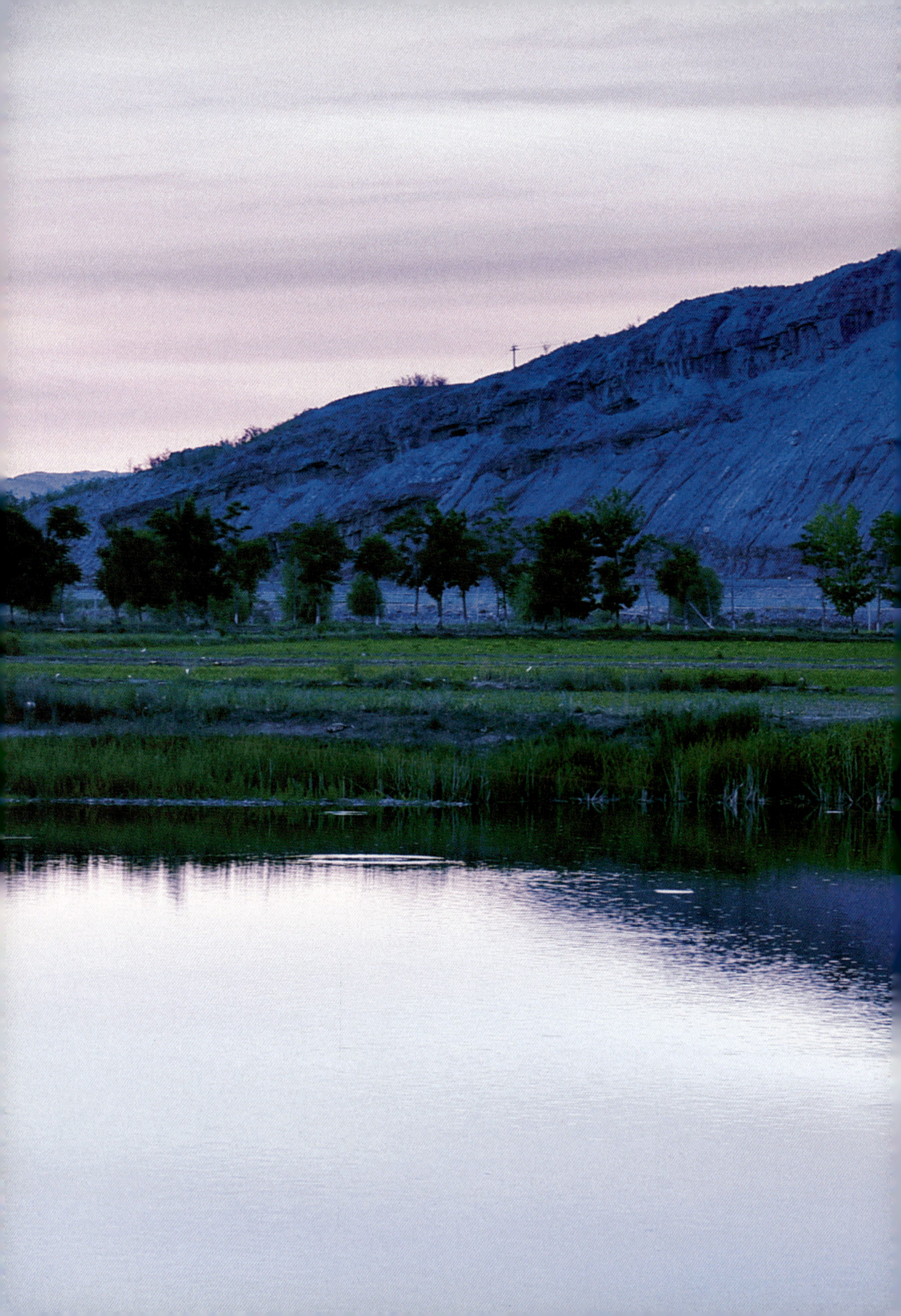

胜金关

成吉思汗与黄河九渡

中卫水上运输发达,素有"黄河九渡十二码头"之说。《元史·太祖本纪》载,元太祖二十一年(1226年)秋,成吉思汗"遂逾沙陀,至黄河九渡,取应理等县"。这里记载的是成吉思汗攻灭西夏的最后一战。据说

成吉思汗像

当时成吉思汗在由河西走廊进军西夏途中不慎坠马受伤，认为不太吉利，遂有退兵之意。他遣使前往西夏责问，但西夏不肯示弱，成吉思汗于是"扶疾进兵"，指挥大军越过沙坡头，到达黄河九渡，攻占了应理（今中卫市沙坡头区）等县。九渡，并非指一个或九个渡口，而是泛指甘肃、宁夏黄河岸边的多个渡口，其中包括中卫黄河渡口。

中卫在黄河设渡口，并非始于成吉思汗之时。早在北魏时期，薄骨律镇（位于今灵武市北）镇将刁雍就利用中卫渡口运送过军粮。刁雍善于治理地方，在其管理之下，宁夏黄河平原的农业生产在短期内收到明显效果，粮食有了大量节余，人口快速增长。北魏太平真君七年（446年），太武帝诏令薄骨律等四镇出牛车5000辆，运粮50万斛到沃野镇（今内蒙古自治区五原县），以供军粮。薄骨律镇与沃野镇相距约400千米，其中不少路段是沙漠，行车十分困难，往返一趟需百余日，且长距离运输大量粮食需占用大批劳动力和畜力，按每辆牛车的载量，需三年才能运完。刁雍调查黄河上游河道情况后，上表请改水运。他在"牵屯山河水之次造船200艘"，开通了中卫至沃野镇的河运。"河水之次"指的就是中卫及中宁黄河南岸。刁雍仅用两个月时间便完成了运粮任务，免除了百姓旱路运送军粮的苦役。刁雍的水运不仅解决了当时运送大批军粮的难题，而且开了中卫历史上利用黄河大规模运输的先例。

中卫地区的先民很早就开发了黄河水运，他们利用木筏、羊皮筏子从事运输。木筏和羊皮筏子虽然比较灵活，可在黄河边随处停靠，但载重量远不及木船，而木船停靠必须有码头（渡口）。北魏刁雍时期的中卫渡口以及成吉思汗时期的"黄河九渡"可以证明，中卫在很早以前，经济就发展到了较高水平。

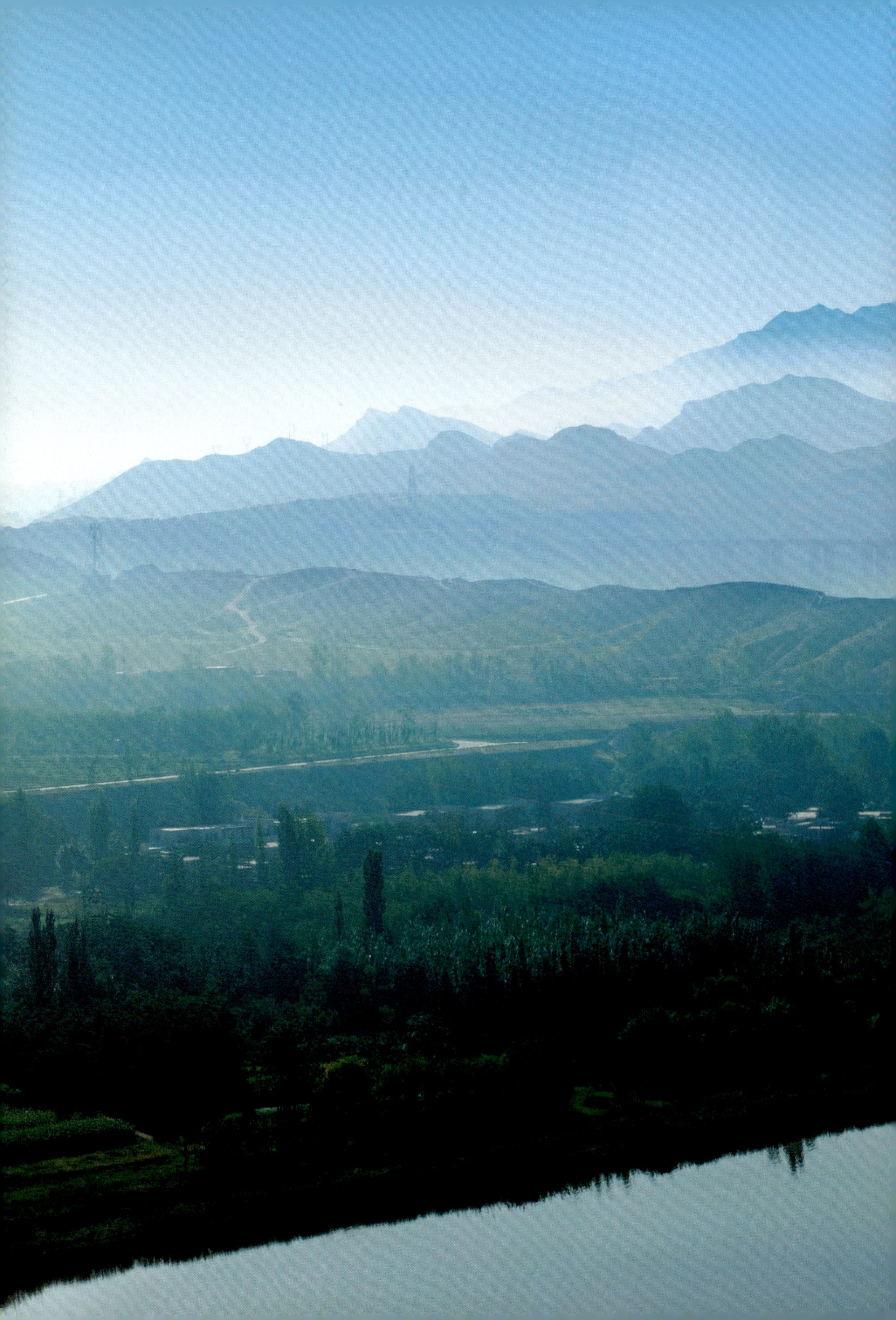

在黄河缓缓流淌的岁月里，无数风流人物远去，黄河神韵独存

海原大地震

　　1920年12月16日20时5分53秒，位于中国西北部的海原地区发生了强烈地震。震级8.5级，震中烈度12度，震源深度17千米，震中位于东经105.7°、北纬36.7°。宏观震中位于今海原县的西安镇、大沟门至甘盐池之间的石卡关沟、哨马营一带。极震区北西向展开，包括固原、隆德、西吉、靖远、景泰等县，呈条带状，面积2万平方千米。这次地震造成约27万人死亡，30万人受伤，波及今宁夏、甘肃、陕西、青海、山西、内蒙古、河南、河北、北京、天津、山东、四川、湖北、安徽、江苏、上海、福建等17个地区，有感面积达251万平方千米，是中国历史上有记录以来波及范围最广的一次地震。海原地震释放的能量相当于11.2个1976年唐山大地震所释放的能量，且强震持续了十几分钟，世界上有96个地震台都记录到了这次地震。这次地震使距震中200余千米的兰州"倒塌房屋十分之三"；使距震中1000余千米的北京"电灯摇动，令人头晕目眩"；使上海"时钟停摆，悬灯摇晃"；使广州"掉绘泥片"；使香港"大多数人感觉地震"。其有感范围

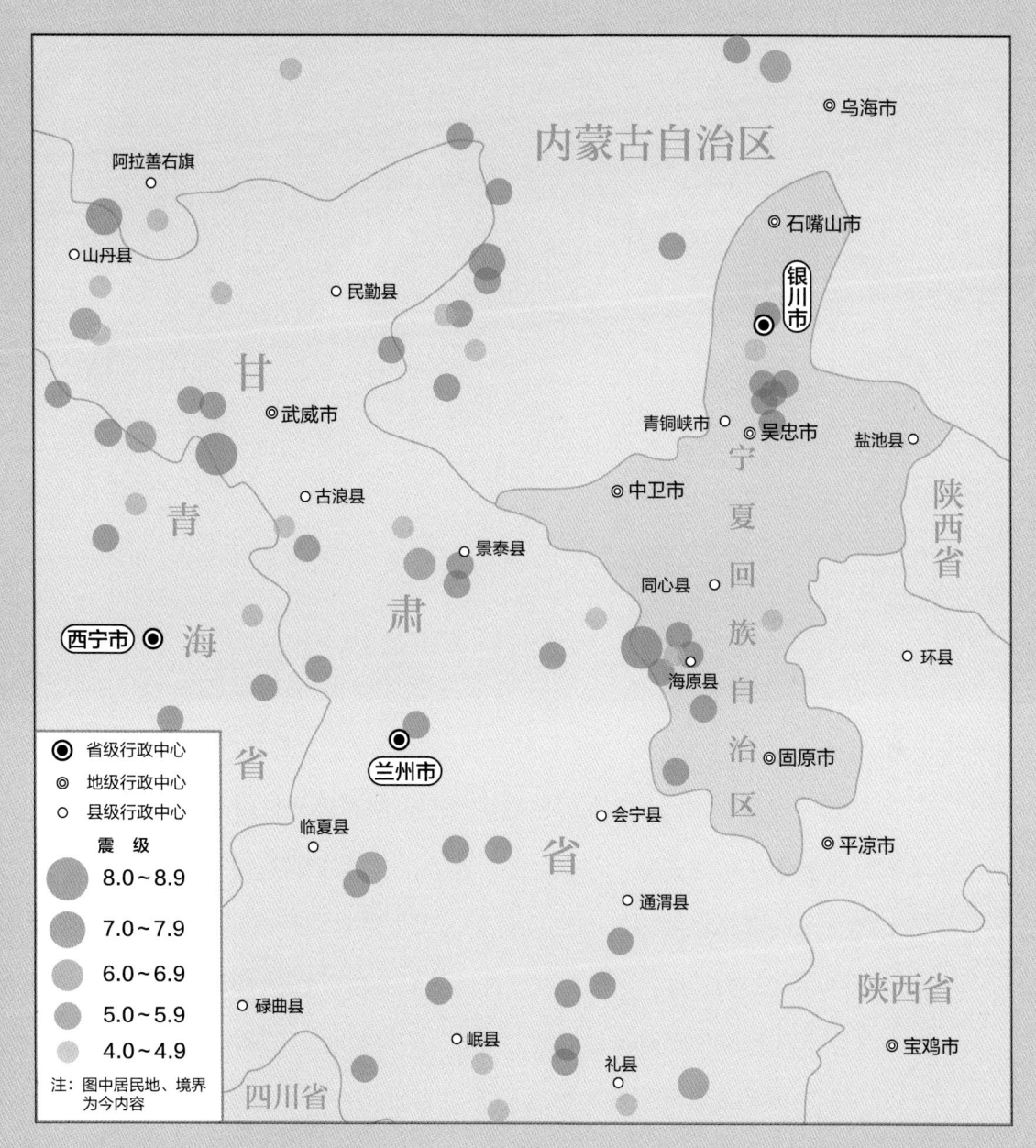

1920年12月16日海原大地震后周边地震分布图

　　海原地震的波及范围、震级、烈度世所罕见。在中国，自有记录以来，历史上没有任何一次地震的波及范围可与其相提并论，当时世界上有96个地震台都记录到了这次地震，用"环球大震"来形容海原大地震，并不为过。海原地震震级为8.5级，震中烈度为12度，其释放的能量换算成电能，需要装机容量为122.5万千瓦的刘家峡水电站持续工作近10年。

树干被大地震撕开的震柳

　　超过大半个中国,甚至越南海防市附近的观象台也出现了"时钟停摆"的现象。因此,用"环球大震"来形容这次大地震,并不为过。

　　海原地震所发生的滑坡和崩塌现象是有记录以来任何一次地震都无可比拟的,这和地震的烈度及地震发生在黄土地区有很大的关系。滑坡和崩塌掩埋了村庄,封堵了河道,不仅加剧了灾情,还形成了许多大小不等的堰塞湖,其中著名的有今海原县李俊乡的海子和西吉县的震湖。当时由于军阀混战、兵荒马乱,北洋政府对地震灾难无力救助,且时逢冬令,天寒地冻,灾民又陆续死于冻伤、饥饿和瘟疫之中。据当时《陕甘地震记略》一文报道,大震后灾区人民"无衣、无食、无住,流离惨状,目不忍睹,耳不忍闻;苦人多依火炕取暖,衣被素薄,一旦失所,复值严寒大风,忍冻忍饥,瑟瑟露宿,匍匐扶伤,哭声遍野,不待饿殍，亦将僵毙，牲畜死亡散失，狼狗亦群出吃人"。

海原大地震除了涂炭生灵、造成巨大损失之外，也带来了中国近代科学史上的几个第一。地震前，旧中国没有一台现代地震仪和地震台，地震后，北洋政府中央地质调查所立即筹备建立中国自己的地震台，并于1921年派员赴法国学习。中国第一个地震台于1923年开始筹建，于1930年在北平（今北京）建成，由此拉开了中国地震观测工作的序幕。1921年，当时的内务、教育、农商三个部派翁文灏、谢家荣等六委员赴灾区调查。他们克服交通不便等不利条件，历时四个月，实地考察震区。尽管考察范围受到了限制，对震区内的大多数地方未能进行实地考察，但他们所得到的大量第一手资料，直至今天仍具有很高的科学价值。这次调查堪称我国地震史上第一次对大地震作的详细科学调查。翁文灏等人提交了我国第一份地震科学考察报告，绘制了我国第一幅震区烈度等线图，首次在中国大陆东部地区划分了地震危险带。1922年，第13届国际地质大会在比利时首都布鲁塞尔召开，中国学者第一次站到了世界讲台上，翁文灏宣读了关于海原大地震和中国地震活动构造带内容的论文，引起了世界各国专家的重视。

1958年，中国科学院地球物理所郭增建等六人组成地震考察队，对海原大地震震中及周边地区进行了实地考察，这是继翁文灏等人之后的又一次大规模考察。这支考察队翻山越岭，跨沟渡河，历时一个多月，取得了较丰富的第一手资料。后来兰州地震研究所等单位也派人到震区考察，并于1980年出版了《一九二〇年海原大地震》一书。为纪念海原大地震，同时通过展示地震文物、地震相关图片等方式警示教育人们以科学的方法防灾减灾，海原县建立了海原地震博物馆，并在2010年12月15日，即海原大地震发生90周年前一日正式开馆。

海原地震活动带遗迹及海原大地震遗址是国内外不可多得的自然遗产，地震遗迹和遗址景观是地震破坏作用的结果，在进行地震活动和构造运动研究、灾害防御、环境保护、科普及旅游开发等方面具有宝贵价值。海原境内具有代表性的地震遗迹有盐池唐家坡田埂错动遗迹、盐

池邵家庄破裂带遗迹、甘盐池城垣遗址、石卡关沟最大水平位移遗迹、哨马营震柳等11处。保护海原大地震遗迹的工作得到了各级政府的大力支持，2007年12月6日，海原大地震遗址、遗迹经中国地震局正式批复，已升级为"国家级典型地震遗址"。

海原地震博物馆

红色文化

在国民党统治时期，军阀马鸿逵将中卫列为可实施残酷压榨、盘剥渔利的甲等地区。为了镇压中卫人民的革命活动，马鸿逵调驻重兵严加防范，并连年抓兵，横征暴敛，致使民生凋敝，满目疮痍，白色恐怖笼罩中卫地区，中卫人民陷于水深火热之中。英勇的中卫人民为获得翻身解放，积极探寻救国救民的道路，在中国共产党的领导下，不畏反动派的血腥统治和残暴压迫，同敌人进行了长期的不屈不挠的斗争。由于受到敌人严重破坏，党的活动时断时续，党的组织艰难发展，为了革命的胜利，从大革命时期到解放战争时期，优秀的中卫儿女用鲜血和生命谱写了可歌可泣的英雄篇章。

大革命时期，国共两党第一次合作时，中卫就有了中国共产党的活动。1925年秋，冯玉祥国民军联军在入甘援陕途经中卫时，随军在政治部工作的共产党员宣侠父、钱崝泉等利用停留驻扎时间，深入中卫城乡对广大群众进行革命宣传，把革命的火种播撒到了中卫大地。

土地革命战争时期，党的活动在中卫逐步深入。1929年至1934年，北平宁夏旅平学生会中的中卫党员把进步书刊传送到中卫，并利用假期回乡之际，宣传马列主义，倡导武装斗争。1932年5月，中卫的李天才、孙绍堂参加了谢子长、杜润芝等领导的甘肃靖远（与中卫香山地区毗邻）"水泉兵暴"，之后成立了陕甘工农红军游击队，在海原、香山、靖远一带开展活动。中卫香山地方武装积极配合陕甘工农红军游击队开展游击斗争，打击了国民党反动势力。1936年，西征红军到达海原、香山，开展抗日民族统一战线工作。海原、香山地区的人民群众积极支援红军，张元和、刘汉章、徐良、焦占宝等一批回、汉有志青年参

红军在海原祁家堡子墙壁上书写的标语

加了红军。他们在党的领导下南征北战、驰骋疆场，为革命胜利立下了赫赫战功。1936年11月1日，彭德怀同朱德、张国焘、贺龙、任弼时在海原关桥堡（今海原县关桥乡关桥村）会商，确定三个方面军由前敌总指挥部统一指挥。同年，因中共北平市委遭到破坏，北平地下党员尚钺来到中卫。他在中卫初级中学任教期间，同共产党员潘钟林以及进步教师雷启霖等用马列主义启发学生的阶级觉悟。在他们的启蒙教育下，一批爱国学生接续走上了革命道路。

全面抗日战争时期，在中共宁夏工委的领导下，党在中卫的活动比较活跃。1938年年初，中共宁夏工委派宣传队来到中卫宣传抗日，在中宁恩和堡小学组建抗日团体，中卫人民受到极大鼓舞。抗日演讲会、报告会、抗日募捐等活动遍及城乡，中卫掀起了"国难当头、群起抗日"的热潮。1938年7月，通过中共宁夏工委的组织和尚钺的联系，中卫的孟长有、李芳荣等进步青年奔赴延安参加革命。中共宁夏工委书记李仰南两次来中卫指导工作。1939年年初，靖远县地下党组织派遣共产党员肖焕章在甘宁边界地区开展武装起义活动。肖焕章在中卫香山交界地区发动组织100多名贫苦农民参加游击队，他们以靖远的贾寨、海原的新堡、中卫的三眼井为据点，打土豪、分粮食，开展武装斗争。1939年，中宁党支部建立。1940年，中卫党支部建立。虽然它们不久就遭到了敌人的破坏，但在中卫的革命史上占有重要地位。

解放战争时期，中共宁夏工委和甘肃工委先后派地下党员前来中卫开展工作。随着革命的节节胜利，中卫又有五六十名青年走上了革命道路。1949年8月，兰州解放，与此同时，中国人民解放军十九兵团拉开了解放宁夏的序幕。1949年8月11日，海原解放；9月14日，中宁解放；9月16日，解放军开赴中卫。驻中卫的国民党第八十一军在解放军的强大攻势下，于 9 月 19 日在中宁与解放军签署了《中国人民解放军十九兵团与国民党第八十一军和平解决协定》。之后国民党第八十一军起义，中卫和平解放。1949 年 9 月 23 日，和平解决宁夏问题的协议在中宁签订，宁夏和平解放。

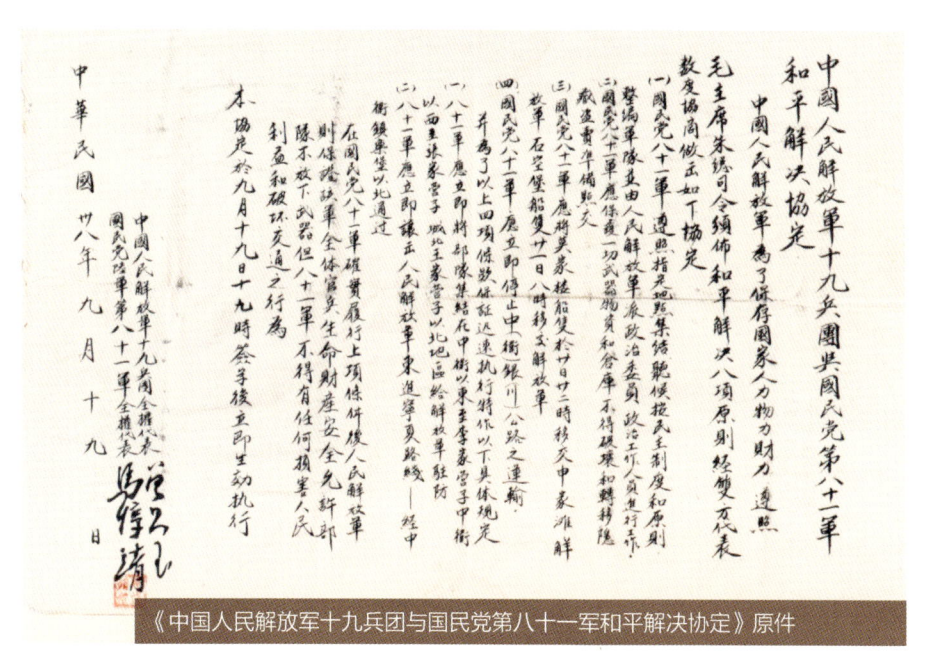

《中国人民解放军十九兵团与国民党第八十一军和平解决协定》原件

解放军与国民党宁夏军政代表在中宁正式签订和平解决宁夏问题协议的现场

包兰铁路和沙坡头治沙

中卫市位于宁夏中西部，地处宁、甘、内蒙古三省（区）交界处、腾格里沙漠东南缘，黄河与腾格里沙漠在此相遇。全市1.74万平方千米的土地上，荒漠面积达3740平方千米（其中中卫境内腾格里沙漠面积1120平方千米），约占总面积的21%，是宁夏历史上风沙灾害最为严重的地区之一。20世纪50年代初，腾格里沙漠距中卫城区仅四五千米，沙漠周边村庄经常受到风沙侵害，沙尘漫天、农田被埋、黄河遭到侵蚀等现象时有发生，严重影响了当地人民群众的生产生活和黄河水生态安全。

起自包头东站、止于兰州站的包兰铁路于1954年10月开工建设，1958年7月通车，并于同年10月投入运营。990千米的线路中，有140千米在沙漠中穿行——包兰铁路的运营在当时也深受风沙之害。在中卫和甘塘间的沙坡头段全部为高达百米的流动沙丘，在西北风的控制下，沙丘每年向前推进4米左右，严重影响了包兰铁路的安全通行。当时，世界上已有一些沙漠铁路在通车以后，因遭受沙害侵袭，最后被迫

包兰铁路

停运、改道。有国外专家预言：包兰铁路"存活"不了30年就会被沙漠淹没。如何防沙治沙、确保包兰铁路畅通无阻，成为一道难题。

1955年，我国第一个沙漠综合治理研究站——中国科学院沙坡头沙漠试验研究站建立。1959年，竺可桢院士提出"向沙漠进军"。几代科学家以及技术人员经过不断探索实践，创造了"麦草方格"治沙法，建立了一套行之有效的铁路沙害防治体系，开启了我国交通干线沙害治理的先河。

"麦草方格"治沙法是指用麦草在流动沙丘上扎设1米见方的草方格，以此固定流沙。人们由此拓展，形成了一套"以固为主、固阻结合"的治沙模式，建立了"五带一体"的治沙体系，即固沙防火带、灌溉造林带、草障植物带、前沿阻沙带、封沙育草带，约500米宽，做到了"一带护一带，五带护铁路"。经过60多年的艰苦奋斗，中卫人民矢志

不移地建设生态防护林、生态经济林，发展特色农业、光伏产业、沙漠旅游业，实现了人进沙退的重大转变，迄今已治理沙漠150万亩，将腾格里沙漠逼退了25千米，治理区天然植物由25种增加到453种，植被覆盖度由原来的不足1%上升到42%，包兰铁路两侧形成了宽约500米的绿色长廊，阻挡了沙漠侵袭，保证了铁路的畅通无阻。

1988年，"包兰线沙坡头地段铁路治沙防护体系的建立"荣获国家

沙漠深处别样景——"麦草方格"治沙

科学技术进步特等奖。这是全国生态建设领域获得的唯一一项国家科学技术进步特等奖。中卫治沙成果受到联合国环境规划署的肯定，1994年，中卫固沙林场获得"全球环境保护500佳"殊荣。一片麦草方格守护了一条铁路，创造了人类治沙史上的奇迹。如今，"麦草方格"治沙成果已不仅仅限于一地一线，而从包兰铁路沿线逐步延展开来。昔日的沙海变为今日的绿洲，形成了"人沙和谐、沙为人用"的良好局面。

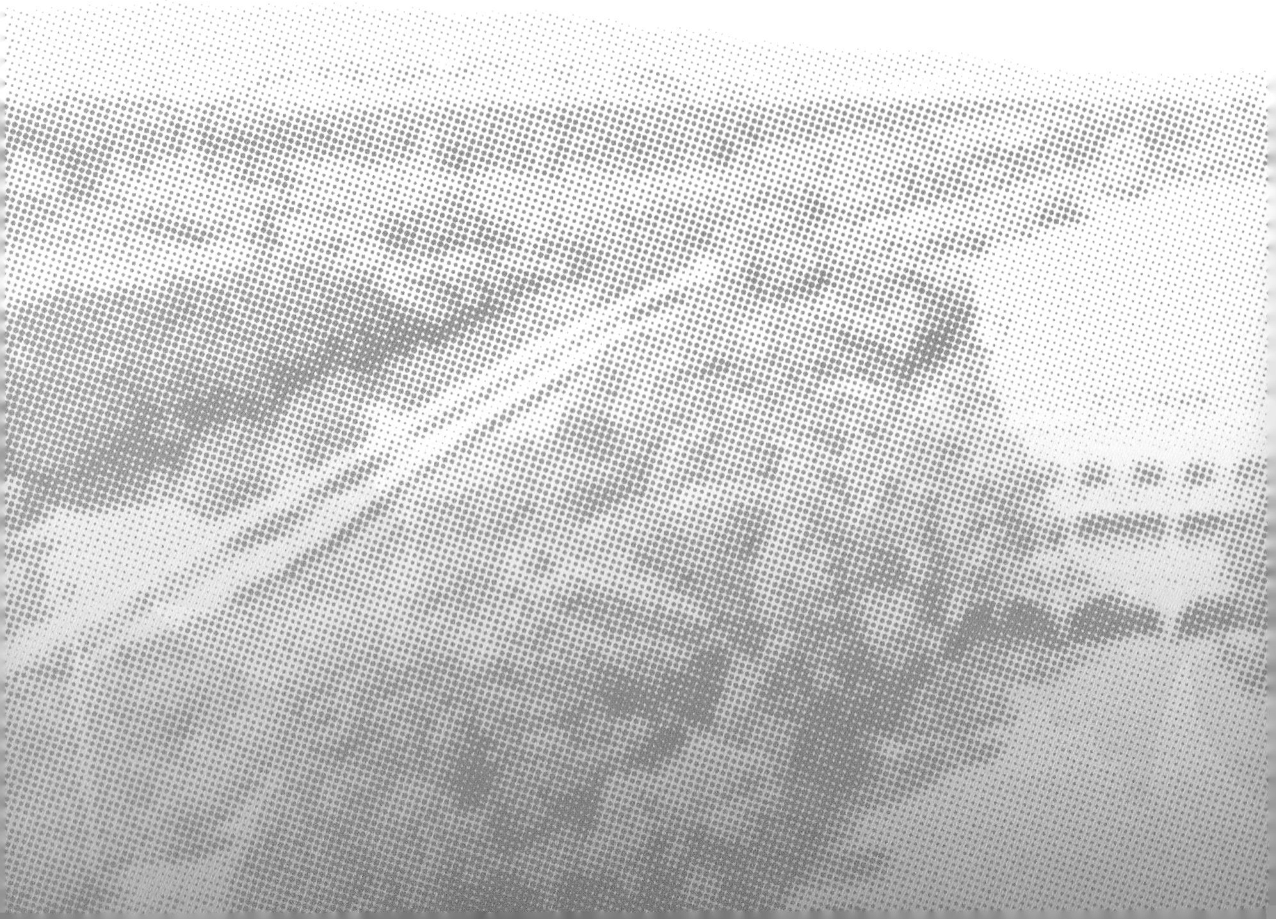

深幽古韵

[大麦地岩画
黄河古瓷
七星古渠
石空寺石窟
天都山石窟
中卫高庙
明代长城]

大麦地岩画

大麦地岩画位于中卫市沙坡头区东园镇北 15 千米的卫宁北山深处，是中卫乃至宁夏地区一处重要的文化遗存。大麦地、黄石坡、枣刺沟、大通沟、新井沟、石房圈、双石垒子等 7 处紧密相连的北山岩画分布区域的岩画，被统称为"大麦地岩画"。由于地处偏僻，这里历来鲜为人知。根据调查，大麦地岩画有 6800 余幅，其中岩画最为集中的区域于 2019 年 10 月被国务院公布为第八批全国重点文物保护单位。

在 1.23 平方千米的保护范围内，分布着 797 幅岩画。岩画系采用石、骨或金属工具，或磨刻、或凿刻、或敲凿、或划刻于岩石之上，常见题材有狩猎、畜牧、争战、舞蹈、车辆、马、羊、虎、鹿及日月星辰、天地神灵、文字符号等，反映了先民在此地的生产生活场景和思想意识状态。

旧石器时代晚期至新石器时代，伴随着家畜的驯养和气候的变化，一部分先民进入该地区繁衍生息，在大麦地的岩石上留下了他们饲养家畜和进行狩猎活动的岩画。

夏、商、西周时期，大麦地因特殊的地理位置，成为欧亚草原东部地区草原文化交流的主要通道，此时期的岩画以身躯短粗、口大张、前躯呈三角形且高于后躯的虎岩画为代表，属欧亚草原青铜时代的艺术风格。同时，中原地区伏足形态的虎造型通过此地传播到欧亚大陆腹地。

春秋战国时期是大麦地岩画的繁荣期。伴随着游牧生产方式的产生和普及，以戎、狄为主要族群的游牧人群利用此地的牧场游牧生息，

大麦地岩画遗址

同时沿草原通道东来的欧亚草原民族也在此地繁衍生息，双方共同留下了以狩猎、畜牧、争战及虎噬动物等为主要题材的丰富的岩画遗存。其中，狩猎岩画主要为人骑着马，在猎犬的协助下，或张弓射箭，或剑刺，围猎猛虎，场面宏大；畜牧岩画或为马、羊等家畜画面，或为人骑马放牧马、羊、牛等画面；虎噬动物岩画主要为虎噬咬羊和鹿的画面，与宁夏地区出土的春秋战国时期北方草原青铜文化墓葬中虎噬动物牌饰的题材和形态基本相同。

战国晚期至两汉时期，大麦地地区成为匈奴族游牧生息之地。匈奴族岩画的题材与春秋战国时期岩画的题材基本相同，其代表岩画中，虎的形态瘦长；争战岩画中的人腰佩刀剑站立，张弓射另一人。

隋唐时期，在大麦地地区游牧的民族主要为突厥族，突厥族岩画以人面岩画以及身躯和四肢细长的线性羊形岩画为代表。人面岩画与突厥族人墓前所立石人的面部特征基本相同，而线性羊形岩画与阙特勤碑上的羊形刻画符号基本一致。此时期的马岩画也以身躯细长者为主，人骑马岩画中马鞍的后鞍桥明显清晰。

两宋时期，在大麦地地区游牧的民族主要为党项羌族，岩画题材主要有游牧、佛塔、人面和西夏文字等。

大麦地岩画既是宁夏地区一处重要的岩画分布区，也是我国北方系岩画的主要组成部分，对研究中卫乃至我国北方地区古代先民和历史民族的生产生活具有极为重要的意义，对研究青铜时代和铁器时代中卫地区（包括贺兰山）和欧亚草原文化的交流有着重要的意义。大麦地岩画也是一处史前先民和古代各民族打造的艺术画廊，它们分布集中，可谓民族艺术之集大成者。深入发掘和揭示其文化内涵，对弘扬悠久的中华文化有着极为重要的意义。

大麦地岩画组图

动物图
岩面凿刻有羊、鹿等动物图案。

动物、狩猎图
图案分三部分,上部为持弓狩猎画面,中部为人持弓协同猎犬围猎老虎画面,下部为羊、鹿等图案。

群羊图
岩面上凿刻群羊图案,岩石表面为石英结晶体,使刻画的图案更加清晰。

黄河古瓷

早在数万年前,中卫先民就在香山一带繁衍生息,他们和黄河沿岸的其他先民共同创造了灿烂的黄河文化,留下了丰富的历史遗存。自新石器时代至明清,中卫先民用自己的勤劳和智慧,烧制出了各种品类

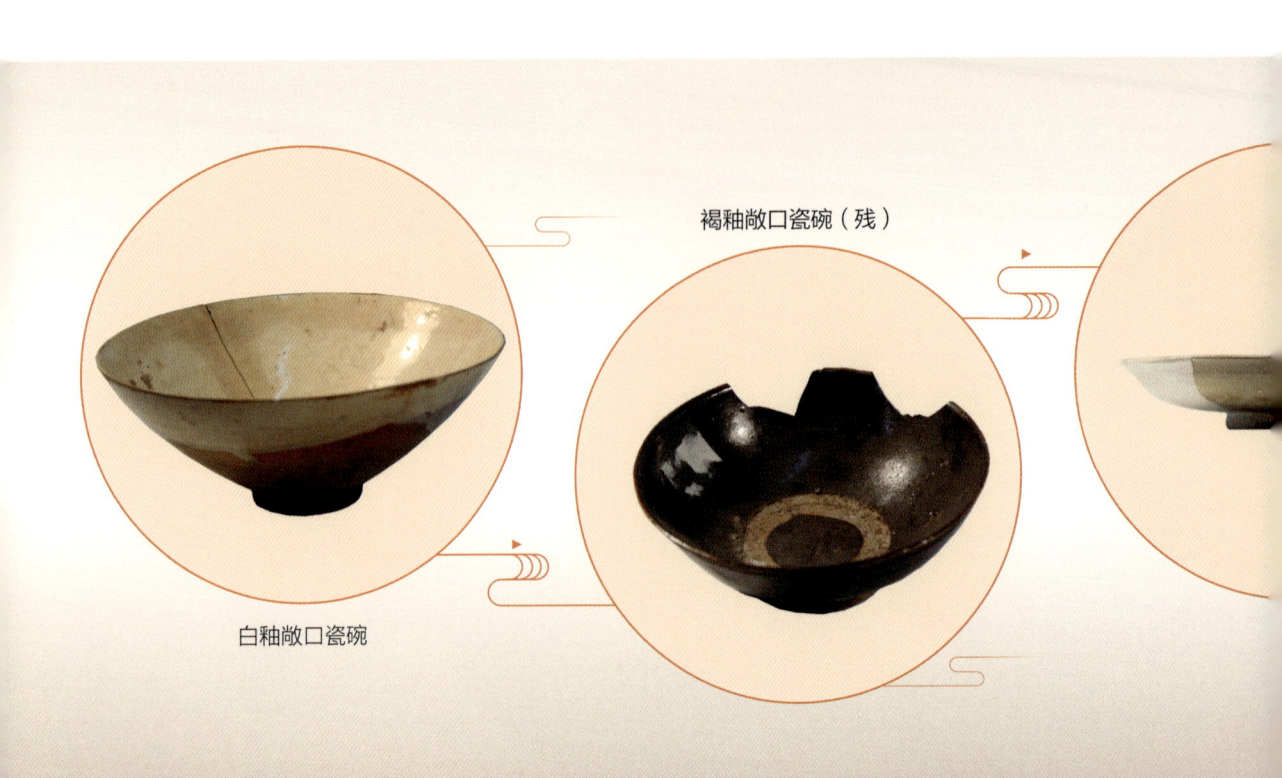

褐釉敞口瓷碗(残)

白釉敞口瓷碗

的陶瓷器。其中一些陶瓷器皿沿着古丝绸之路一路向西，经我国的甘肃、新疆，到达中亚、西亚，最远到达地中海各国，促进了东方古老文明与西方文明的交融。

在中卫黄河岸边，自汉至明清的各类窑址通过考古被发现，如宣和林场汉代烧陶窑址、下河沿汉代砖瓦窑遗址、下河沿老窑沟元代瓷窑遗址等，这些窑址见证了中卫地区悠久的陶瓷烧制岁月。清乾隆年间，中卫知县黄恩锡在其《中卫竹枝词》中，这样描述黄河上的船家生活以及中卫陶瓷业的兴旺景象："冻解河开欲暮春，船家生理趁兹晨。土窑磁器通宁夏，石炭连船贩水滨。"

这些窑址所在地大多条件优越，利于陶瓷生产。以下河沿窑址为例，距其两千米处，便是下河沿黄河码头。该码头是黄河上游的水运要冲和黄河沿岸重要的交通枢纽，便于通商贸易和交通运输。下河沿窑火得益于此，千年兴旺，燃烧不息。更为重要的是，下河沿储有大量的优

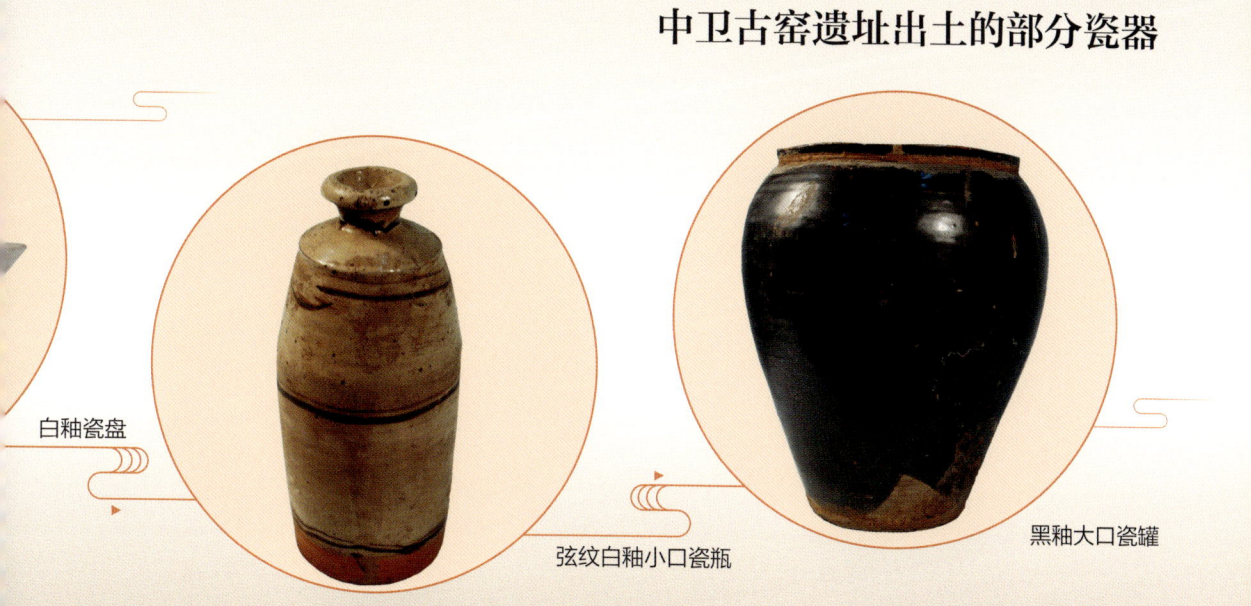

中卫古窑遗址出土的部分瓷器

白釉瓷盘

弦纹白釉小口瓷瓶

黑釉大口瓷罐

质陶土，它们质地纯净，可塑性强，耐火性好，适合烧制瓷器。同时，这一带盛产煤炭，下河沿旁的山古称"炭山"，是中卫古八景之一"炭山夜照"的所在地。便利的交通、优质的陶土、丰富的燃料，给下河沿瓷业带来了千年的兴旺。

20世纪50年代，中卫县建立了下河沿陶瓷厂。改革开放后，下河沿陶瓷厂停产。无论是古代老窑遗址，还是已经停产的下河沿陶瓷厂，均能让人们感知黄河的生生不息和人们对幸福生活的不懈追求。下河沿人一直有用废弃缸砌墙的习惯，在户与户之间，在宅院与宅院之间，人们用废弃缸砌成了一面面特殊的墙。这些"缸墙"简洁美观，别具特

下河沿瓷窑遗址

色，下河沿人借此表达对老窑遗址和陶瓷厂的敬意。

今天，面对丰富的陶土资源和悠久的陶瓷历史，中卫市创新实施以"守护黄河根脉"为主题的传承黄河文化基因、延续中华历史文脉推进工程，探索文物和文化资源保护传承利用新路径，接续千年窑火，复兴黄河古瓷，创烧出"天青""富贵黄""千里江山"等多种釉彩，提出了"来自母亲河的祝福"的品牌概念。

天然釉彩变幻无穷，天地精华蕴含其中。不同于南方瓷器的细腻温婉，黄河古瓷于深沉朴拙中透着宁静从容，伴随着历史的脉动，承载着母亲河对华夏儿女的深情与祝福。

2023年创烧的黄河古瓷瓷碗

七星古渠

七星渠始建于西汉时期，距今已有2100多年的历史，是宁夏卫宁平原历史最久、规模最大、效益最好、社会影响最为显著的一条引黄古渠。渠首采用的是无坝引水技术，即不设拦河闸或壅水坝，从天然河道中直接引水的技术。

2017年，七星渠作为宁夏引黄古灌区的重要组成部分，入选世界灌溉工程遗产名录。2019年，流传于渠道沿线的民间故事古渠传说（七星渠的传说）入选宁夏回族自治区第五批自治区级非物质文化遗产代表性项目名录。

相传七星渠因渠口有泉七眼而得名，又说渠口居柳青、贴渠、大滩、李滩、孔滩、田滩等六渠之首，形若七星而得名。七星渠名称最早见于明宣德《宁夏志》。

修建七星渠是宁夏水利建设史上的创举，在2100多年的发展过程中，七星渠由小到大、由短到长、由低到高，先后涌现了许多优秀的治水人物，如元代的张文谦，明代的焦馨、韩洪正，清代的高士铎、钮

清乾隆《中卫县志》中的中卫《水利图》

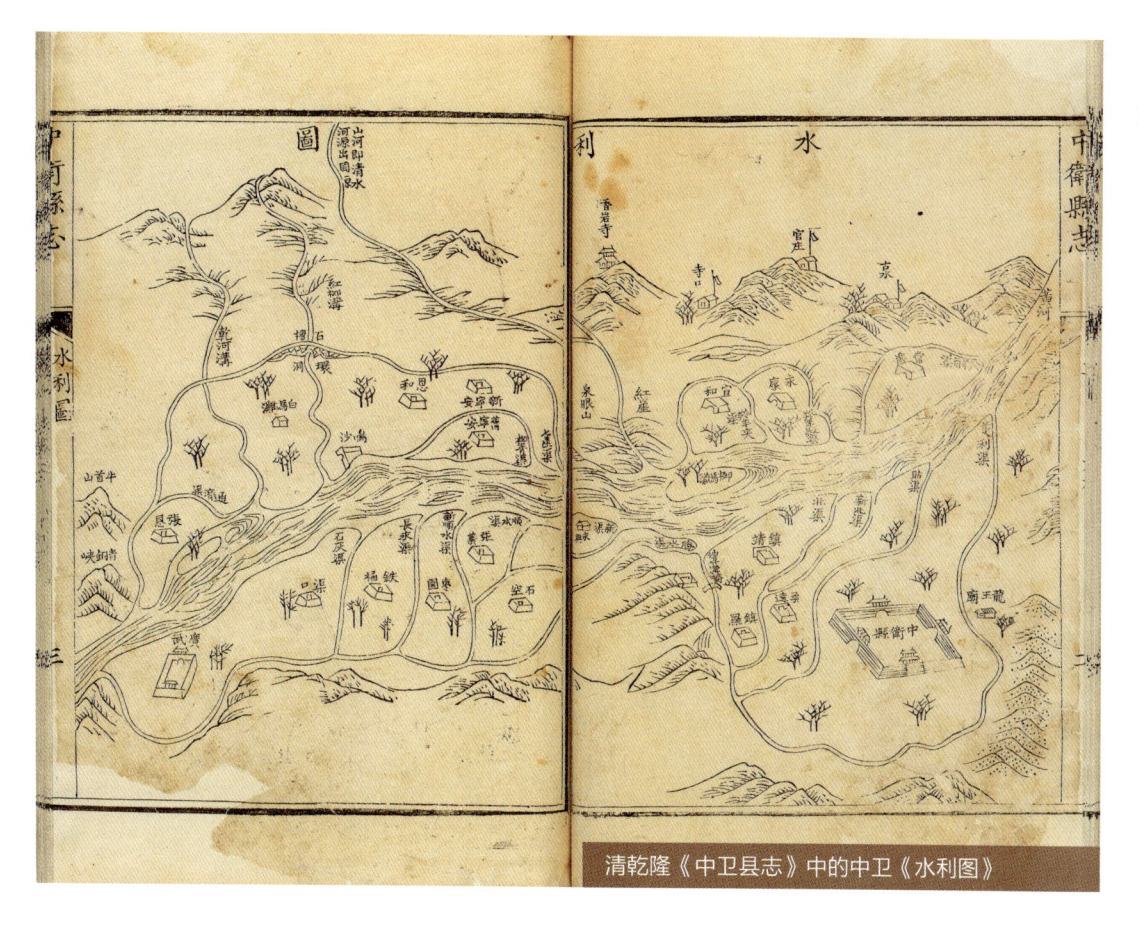

廷彩、黄恩锡、郑元吉、王祯等。有记载的碑文有《改修七星渠碑记》《改建冯城环洞碑记》《钮公德政碑记》《续修七星渠碑记》等。渠道沿线分布有羚羊寺、泉眼山、茶坊庙、宁舟塔、华严塔、永寿塔、牛首山、星渠柳翠、鸣沙过雁、河曲映日等名胜古迹。

中华人民共和国成立以来,七星渠主要经历了三大建设阶段:20世纪50年代,对进水闸、单阴洞、双阴洞和红柳沟渡槽等枢纽性建筑物进行了新建或翻建改造,顺直疏浚渠道,改善了供用水条件;70年代,通过新建清水河渡槽、实施上段延伸工程,将引水口由中宁老渠口移至中卫申滩村,扩大了灌溉面积;90年代,宁夏实施扶贫扬黄灌溉工程,对七星渠上段和高干渠主要渠道、建筑物进行了翻建改造。

如今，七星渠自中卫市沙坡头区永康镇申滩村引水，尾水至中宁县白马乡新田村入黄河，渠道全长120.6千米（其中七星渠长87.6千米，七星渠上的大型支干渠高干渠长33千米），共有各类建筑物558座，承担着沙坡头灌区以及红寺堡、固海扩灌、同心三大扬水灌区近245万亩农田的供水保障任务，使利通、红寺堡、同心、沙坡头、中宁、海原、原州、西吉

七星渠

8县（区）受益，是宁夏中部干旱带乡村振兴和经济社会发展的重点水源工程之一。2021年，七星渠管理处（申滩引黄自流渠口和黄河上建的泵站均归七星渠管理处管辖）累计引水9.3亿立方米（其中七星渠7.9亿立方米，黄河泵站1.4亿立方米），供水7.4亿立方米（其中自流灌区2.1亿立方米，扬水灌区5.3亿立方米），泉眼山水电站发电退水1.2亿立方米。

石空寺石窟

　　石空寺石窟，又名双龙山石窟，俗称"石空大佛寺"，位于中宁县余丁乡金沙村村北1千米处双龙山南侧东西走向的断崖上，海拔1205米。石空寺石窟为古丝绸之路东段北道的必经之地。据史书记载，石窟开凿造像始于唐代，至今约有1400年的历史。宋、元、明时期均进行过扩建和维修，后被流沙吞没。直到20世纪80年代初，13座洞窟才被清理出来。1963年，石空寺石窟被宁夏回族自治区人民政府公布为自治区第一批文物保护单位。

　　石空寺石窟的地理位置十分独特。石窟的南边，黄河自西向东滚滚流过；石窟的西北，腾格里沙漠一遇风起，黄沙漫漫，遮天蔽日；石窟的北面，大片的草地与不远处的大草原相连接；石窟所在的山头上，万里长城逶迤而过，烽火台坐落于峰巅，蔚为壮观。这种集滔滔黄河、漫漫大漠、茫茫草原、万里长城、千年古寺于一体的人文景观，在别处是绝难见到的。明清时，石空寺石窟已是当地十景之一，名为"石空夜灯"。明代有诗赞曰："叠嶂玲珑辣石空，谁开兰若碧云中？僧闲夜夜燃

石空寺全景

灯坐，遥见青山一滴红。"清代《宁夏府志》记载，石空寺石窟"因石镂成像，梵宇皆依山结构，每夜僧人燃灯，远望如星悬天际"。

　　石空寺石窟坐北向南。石窟分布面积约20万平方米，东西长约1000米，南北宽约200米。20世纪80年代初，宁夏回族自治区文物管理委员会对窟区东段进行考古挖掘，清理出13座洞窟：焰光洞、万佛洞、百子观音洞、炼丹洞、三清洞、玉皇洞、真武洞、九间无梁寺洞、财神洞、药王洞、娘娘洞、龙王洞、睡佛洞，洞窟形制有覆斗式和覆钵式两种；出土各类文物500多件，其中85尊小型彩塑像被国家文物局鉴定委员会确定为二级或三级珍贵文物。在这13座洞窟中，九间无梁寺洞是石空寺石窟具有特色的一座石窟，洞高约25米，宽12.5米，进深7.24米，俗称"九间无梁寺"，意指洞窟有九间房

石空寺大雄宝殿

　　屋大又无梁柱之意。该洞窟是石空寺石窟的中心，也是唯一一座从地平向里开凿即从地面向山体内部开凿的石窟。

　　石空寺石窟相传是唐代贞观年间由大将军尉迟敬德监修的，此后历代均有记载。《陇右金石录》援引《甘肃新通志稿》的记载："石空寺以窟得名，寺创于唐时，就山形凿石窟，窟内造像皆唐制……"明嘉靖《宁夏新志》记载，石空寺石窟为元代的"元故寺"；清乾隆《中卫县志》记载，石空寺石窟为西夏李元昊建。据此来看，洞窟开凿于唐朝，西夏、元朝又陆续进行了扩建和维修。洞窟内有很多铭文砖，砖上刻有"嘉靖己酉年制"字样，说明在明代嘉靖年间又进行过一次较大规模的改扩建和维修。历代保存下来的塑像、壁画、木雕、

石空寺小型彩塑像

石雕、铜佛、铜镜等各类石窟文物，分属唐、宋、元、明、清等朝代，涉及道教和佛教，其中造像生动逼真，壁画工笔细腻。这充分证明，石空寺的石窟文化、历史文化、宗教文化延续不断，源远流长。

石空寺石窟处在古丝绸之路东段北道上，是一处重要的驿站和文化、宗教遗存。石空寺石窟与著名的敦煌莫高窟有相似之处：它们均地处关隘，为边陲网络式防御体系的构成部分，是平原的门户；同处在古丝绸之路必经之地，是重要的交通驿站；开凿年代均很早，1000多年来历代多有维修和扩建，具有延续性。此外，在寺院建筑风格、洞窟的开凿形式以及造像的雕塑手法等方面，石空寺石窟也与敦煌莫高窟相类似。

天都山石窟

天都山石窟位于海原县西安镇西侧约10.5千米处的天都山东麓，分上中下三院，共八窟。石窟开凿在上院和中院崖壁上，洞窟或坐西向东，或坐西北向东南，窟内供奉泥塑佛神造像，是道、佛、儒三教合一的宗教寺庙场所。现窟内造像已毁，石窟尚存，仅留明、清、民国等历史时期的碑志六通。

天都山石窟究竟创于何时，史书无明确记载，史学界亦无确切的考述。《续资治通鉴长编》记载，北宋元符二年（1099年），名将章楶"乞修天都山庙，诏封顺应侯，仍以顺应为庙额"，这说明北宋时就已有天都山寺庙。明万历二十六年（1598年）所立"重修西山上帝祠宇记"碑碑文记载，"西安，古州治也……西门十里许有山，名曰天都山，内有古刹一座"，"当年致仕方公□命工凿石，开创上帝祠宇，即今祖师洞"，此碑现收藏于天都山石窟寺庙。清康熙八年（1669年）所立"增创西山寺玉皇洞记"碑碑文记载，由李儒、张金玉、张云秀倡议捐资，开创玉皇窟洞。另据1944年所立"嵩岳并寿"碑碑文记载，当时修建

天都山石窟

了观音洞、三圣宫、子孙宫等洞窟。从历史文献和这三篇碑文可以推断，天都山石窟大多数是在明、清、民国时期开凿的，寺庙也是在这三个时期重修的。

天都山又名西华山，自被西夏占据后始改称"天都山"。信奉佛教的党项羌族以佛教为国教，此时的天都山石窟佛教神位占主位。当时，西夏名将野利遇乞率重兵镇守天都山，李元昊在天都山下建行宫并避暑于此。这期间天都山寺庙得到空前的发展，天都山石窟迎来鼎盛期。

元代，海原境内几无行政建制。至元末期，豫王阿剌忒纳失里立都西安州。后因战乱，天都山寺庙倾圮，神像破损，石窟走向衰落。

明代洪武年间，今海原县境被分封给庆王朱㮵作为牧场。庆王设承奉司，经理耕牧，时海原"牛马衔尾，群羊塞道"。今天都山寺院尚有

牛王庙、马王庙，或可推测当时石窟的香火鼎盛。万历年间，当地信士及官员重修天都山寺庙，石窟得以复兴。

清代，今海原地区属盐茶厅（厅隶固原州）管辖。清乾隆十四年（1749年），平凉府盐茶同知朱亨衍移驻今海原，时天都山石窟寺庙保存完好。同治年间，天都山石窟寺庙焚毁严重。光绪九年（1883年），当地民众捐资筹款，重修天都山金牛寺。

民国时期，天灾人祸严重。1920年12月16日，海原发生8.5级地震，因震中位于西安州至甘盐池一线，天都山寺庙群遭到毁灭性破坏，楼阁庙宇均被震毁，仅存石窟，但窟顶严重塌落。1929年，海原又发生特大旱灾，

天都山石窟俯瞰图

民众逃荒求生，地方十室九空，继之匪患蜂起，天都山石窟被盗劫一空。1938年至1944年，天都山玉皇洞、观音洞、祖师洞、三圣宫、三官殿、龙王祠等洞窟及窟外建筑陆续得到重修，"庙貌辉煌，触目生色"。

1949年8月海原解放后，天都山石窟寺庙作为宗教场所和古迹得以保存。在"文化大革命"中，天都山石窟寺庙遭到毁坏。改革开放后，天都山石窟开始重建，相继完成了各寺庙的复建，至今已有一定规模。1985年12月30日，海原县政府公布天都山石窟为海原县文物保护单位。2005年9月15日，宁夏回族自治区人民政府公布天都山石窟为自治区级文物保护单位。

中卫高庙

中卫高庙位于中卫市沙坡头区滨河镇鼓楼北街与长城路交会处，始建于明代永乐年间，初称"新庙"，是一座儒、释、道三教合一的寺庙，距今已有600多年历史。中卫高庙后经不断修葺和增建，形成规模。1963年，中卫高庙被列为宁夏回族自治区第一批文物保护单位；2013年，被国务院公布为第七批全国重点文物保护单位。

中卫高庙曾经历多次劫难。清康熙年间，因强烈地震，台基上的楼阁大殿被毁。康熙四十八年（1709年）重建。乾隆年间又因强烈地震，寺庙内大部分建筑倒塌。道光二年（1822年）、咸丰三年（1853年）、光绪八年（1882年）均予以修建，其间于咸丰八年（1858年），增建了门前广场上的法戒楼和寺院内的砖砌牌坊、东西转楼、东西天池，并改称"玉皇阁"。1942年，在此举行庙会时发生重大火灾，致使南天门以上建筑全部焚毁。翌年再度兴工重建，并扩大庙宇，增加高度，历时四年，于1946年竣工，命名"高庙"。现存的中卫高庙，即为清代咸丰年间和20世纪40年代重修、增建后的面貌，其建筑风格

中卫高庙建筑左右对称，瑰丽挺拔，形似凤凰展翅，凌空欲飞

依然以清代古建筑为主体。

根据平面布局，中卫高庙自南至北可分为三部分，依次为南段的保安寺建筑群，中段的南北寺庙互相连接的过渡部分（出天王殿拾级而上至高庙入口的南天门，及东西天池共同构成的中间过渡部分），北段的位于中卫城北古城墙之上的高庙建筑群。

中卫高庙占地6000多平方米，有280多间建筑物，最高处达29米。建筑自南向北层层升高，形成南低北高、南寺北庙的结构布局。高台之上的高庙坐落于中卫城北的古城墙之上，自明代永乐年间建成至今，一直是中卫的地标性建筑物。高庙建筑群整体紧凑、高耸，是典型的三教同源建筑群，在西北地区闻名遐迩。中卫高庙的中轴线从原有的广场戏楼直通魁星楼（山门）、大雄宝殿、南天门、中楼、主楼。依这条中轴线，中卫高庙的所有建筑左右两两相对称，依次向北延伸升高，巍然屹立于蓝天白云之下，瑰丽挺拔，檐角高翘，似凤凰展翅，凌空欲飞，展

霞光映射下的中卫高庙

现了宁夏古建筑精湛的艺术风貌。

中卫高庙的主体建筑和辅助建筑巍峨壮丽，重楼叠阁，错落有致；回廊曲槛，清幽雅致；砖雕木刻，巧夺天工；华美彩绘，生动和谐。中卫高庙的全部塑像中，有法名的就有170多尊，其形态各异，神情逼真，造型古朴典雅，衣冠服饰富有质感，充分体现了劳动人民的聪明智慧和精湛技艺。

中卫高庙中的华美彩绘

明代长城

中卫明长城分别自甘肃白银市靖远县和平川区进入中卫，为东西走向，分布在中卫三个县（区），全长220多千米，其中沙坡头区境内长140多千米、中宁县境内长61千米、海原县境内长21千米。长城沿线分布敌台40座、烽火台95座，另有关堡15处。按照防御体系划分，沙坡头段和中宁段属于宁夏西长城段落，海原段属于固原内边段落。

宁夏西长城主要指沿宁夏西北贺兰山东麓及诸沟口修筑的长城防御设施，该段长城系不同时期分段修筑，根据修筑时间及区段位置，史书中对其又有"西边墙""城西南墙""边防西关门墙"等不同的称谓。

宁夏西长城中宁段至中卫黄河北段，最早于明代成化年间由巡抚贾俊主持修筑，"接连宁夏黄河两岸各修筑厄塞"。万历十四年（1586年），再次修筑大佛寺（今石空寺）西抵黄河处三十余里土墙一段。长城沿卫宁北山南缘向西延伸至今沙坡头区迎水桥镇姚滩村后，沿腾格里沙漠东部边缘折向西南至夹道村（如今包兰铁路在此横穿东西而过），此后长城由东北向西南延伸经过迎水桥镇黑林村，最终至黑林村黄河北

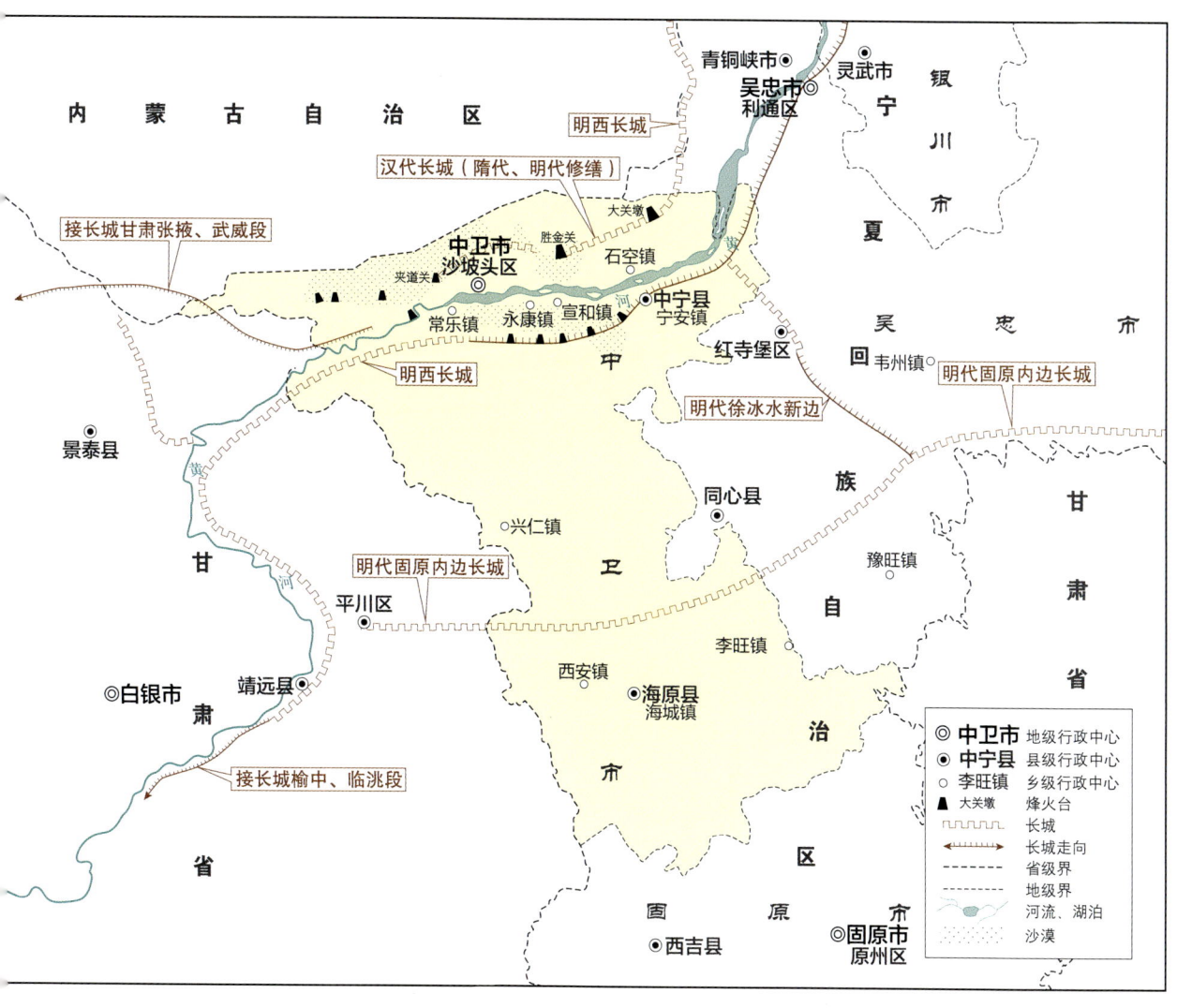

中卫及周边古长城分布示意图

岸的分水岭——西沙咀。这段长城墙体，除胜金关局部为石墙外，其余均为土墙，材质多为黄土夹杂沙砾、砾石，墙体采取分段版筑，如四方墩、青湾1号烽火台等。

中卫黄河南段长城自沙坡头区常乐镇下河沿至迎水桥镇南长滩村，修筑于明成化二十三年（1487年），因"宁夏中卫野鹊沟等处边墙，与芦沟、深井等处营堡、墩台，亦系要害之地，宜别令守臣议修筑之宜"。

该段墙体沿黄河向西行至南长滩枣刺沟、夹巴沟,最终抵达甘肃省靖远县与中卫的交界点——观音崖(又名小观音台),继而进入甘肃境内的黑山峡。这段长城充分利用地利之便,就地取材,在山势陡峻处劈山削石形成峭壁,在山沟峡谷跨越处采用山石垒砌,在平缓的山冈处则利用

位于腾格里湖金沙岛内东岸的夹道关

黄沙土夯筑墙体。

位于海原县境西部的明代固原内边长城，西起甘肃省白银市平川区，沿西安镇向东至盐池乡甘盐池沟，继续延伸至邵家庄玉泉山。这段长城山险墙和土墙各半，形制与中卫市域内其他长城几无差别。

烽燧云烟

名人风华

[文人名将
革命志士
当代英才]

文人名将

湖广提督俞益谟

俞益谟（1653—1713年），字嘉言，号澹庵，别号青铜。清代将领。宁夏广武营（今宁夏青铜峡市广武乡，原属中卫）人，祖籍直隶河间府（今河北省河间市）。明初，其先祖俞伏四任西安前卫指挥使，迁居咸宁（今陕西省西安市长安区）。曾祖俞大河定居广武营，遂为宁夏籍。俞益谟"生而颖异""少英敏""状魁岸，多勇力，挽强善射"，又工于诗文，15岁入庠学。清康熙十二年（1673年），中武举人，次年登武进士第，回籍候选。时值三藩之乱，陕西提督王辅臣呼应叛清，宁夏镇标兵哗变杀总兵陈福，西北时局大乱。俞益谟加入宁夏提督赵良栋部，后随赵征战，屡立战功。康熙十四年（1675年），在与攻打宁夏的吴三桂部将朱龙作战中，俞益谟崭露头角，被授陕西柳树涧堡守备。康熙十八年（1679年），俞益谟随赵良栋平定四川，立大功，赏加十七等，进左都督，任达州（今四川省达州市）游击。康熙二十六年（1687年），升调广西郁林州（今广西壮族自治区玉林市）参将。

康熙三十四年（1695年），噶尔丹再度举兵南犯，康熙帝拟第二次御驾亲征，召俞益谟进京面奏对策。俞益谟受到康熙帝嘉奖，其后被命随驾为前锋。班师后，俞益谟再次受到康熙帝召见，并于康熙三十六年（1697年）升任山西大同镇总兵官。任间，康熙帝亲书"焜耀虎符"匾额颁赠，以示恩宠。康熙四十二年（1703年）正月，湖广提督林本直标下官兵哗变闹事，康熙帝认为俞益谟"人俱矫健，且久于用兵"，钦命他代林本直任湖广提督，"提督湖广全省军务，统辖汉土官兵兼军卫土司，控制苗彝，节制各镇总兵官，左都督加六级"。到任后，俞益谟在处理兵变、善后、整顿营伍之后，又剿抚兼施，平定了湘、桂、黔三省交界地区的苗民反抗斗争。由于俞益谟治湘多施德政，业绩显明，廷臣公荐其"才兼文武，堪应总督之任"。

在康熙四十八年（1709年）和康熙四十九年（1710年）间，俞益谟与湖南地方最高行政长官、巡抚赵申乔发生矛盾，结果赵申乔被

俞益谟墓，现为青铜峡市文物保护单位

"革职留任"，俞益谟被责令"休致"回籍。

归养以后，俞益谟"修渠堰以惠桑梓；捐经史而开来学；敦本族，抚孤幼；建义学，置义田；周急救难，义全死生。种种芳行，美不胜书"。他还亲自倡导并主持编修了家乡首部志书《朔方广武志》，这是宁夏历史上唯一一部县级以下的基层地方志。

康熙五十二年（1713年）三月，康熙帝筹办六十大寿，谕示60岁以上获罪官员可进京祝寿，且恢复其原品级并赐宴。俞益谟闻讯进京祝寿。康熙帝特颁制曰："……俞益谟，器资瑰伟，风采严明，覃威惠以宣猷，允矣！政行化洽，统文武而作宪，休哉！吏肃民安，聿资樽俎之谋，懋著保厘之效。逢斯庆泽，爰赉徽章，兹以覃恩授尔阶荣禄大夫……"并封其妻张氏为一品夫人，封赠其曾祖父、祖父、父亲为荣禄大夫，曾祖母、祖母、母亲为一品夫人。在赐宴之日，俞益谟却因旅途劳累而逝于寓所，后归葬于广武营城西南荫子山。乡人感念他的功绩，在青铜峡神禹洞侧建青铜君祠来纪念他。

俞益谟虽为武将，但"性善文学，多延博雅之士，于所至辄为诸生课文讲学，暇则集宾友考古为诗文"，著有《道统归宗》《青铜自考》和《办苗纪略》等文集，并撰有大量诗文，可惜多已散佚，今仅存后两书刊本。

著名知县黄恩锡

黄恩锡（1716—1772年），清乾隆十七年（1752年）进士。乾隆二十一年（1756年），黄恩锡由西宁碾伯县（今青海省海东市乐都区）知县改任中卫县知县。在中卫任职期间，他修建文庙，编纂志书，劝学重农，兴修水利，除暴安良，赈济灾民，政绩卓著。他主持疏浚七星

黄恩锡 字素庵，纳西族人，云南永北（今云南省永胜县）人，清乾隆十七年（1752年）进士

1716年 — 1772年

渠，勘察设计补修冯城沟、红柳沟涵洞，下延渠梢至张恩堡入河，灌溉垦种张恩、白马滩之地数万亩。黄恩锡上书提请议修广武城河堤、码头，开宁夏河防、护岸先例。他上书免去该县河崩沙压地亩差粮，请建宁安粮仓，就近收储额粮，上书提请将夏、朔、灵之粮运凉州（今甘肃省武威市），以减轻中卫民众苦役重赋，深受邑人拥戴。

乾隆二十五年（1760年），黄恩锡首次主修《中卫县志》。黄恩锡擅文善咏，公余闲暇，察访民情，创作了大量诗词文稿。如黄恩锡创作的《丁丑春日登中卫城》："浮沙高拥隐边墙，渺渺烟云接大荒。山引贺兰峰积翠，河通星宿水流黄。羽书绝塞驰飞檄，烽火何时靖虏疆？万亩即今生计重，省农还与课耕桑。"《中卫竹枝词》为其代表作，有较高的文学艺术价值。黄恩锡部分文稿被收入清道光《续修中卫县志》。

水利专家苏芳

苏芳（1875—1942年），中卫县（今中卫市沙坡头区）人。他擅长水利，热心公益。清末民初，苏芳被地方士绅民众推举管理美利渠渠务。他针对时弊提出夫差按亩负担的改革方案，并付诸实施。1914年，县府委任苏芳为美利、太平二渠"委管"，于是他又制定并实施"春秋岁修"制度，革除陋规，对渠长、段长去恶留良，整肃了渠务管理中的混乱问题。

每年岁修，苏芳都亲自踏勘设计，制定方案，分期分批逐项完成。他先后整修美利渠口小草坂，上延加固；炸除渠口礁石，加深口底，增大进水量；改建官渠口闸，加大引水量；开挖北沙沟，延长下尾至胜金关入河（今第一排水沟），降低地下水位；沿美利渠外侧新开挖或宽辟支渠一条，扩大灌溉面积两万多亩。在疏浚渠道、春工岁修中，他创建了"浚渠底石"制度，即将刻有"准底"二字的渠底基石埋入渠底各段，春秋清淤须见底石，如此方为合格。

民国时期，中卫县域黄河北岸农田崩塌，危及美利渠工程设施的安全。苏芳时任河工专员，他亲临现场勘察，因势利导，扼守要冲，加固新墩"丁"字形码头，迫使河道主流向东方奔泻，又在新墩沿河岸上段修筑"安泰坂"，下段修筑"蝴蝶坂"，使河两岸形成一连串的小型护岸码头。从此，这段河道基本稳定。数年后，在大板槽、炭场子滨河地段，淤积出千余亩农田。苏芳由于治渠有功，1933年获得宁夏省政府奖励的一面"有功桑梓"银盾。1938年，宁夏省政府筹划重修山河桥时，苏芳亲自勘测，提出凿石洞为桥的设计施工方案。

重教兴学刘佩黻

刘佩黻（1878—1944年），字端甫，中卫县（今中卫沙坡头区）人，清光绪年间举人，教育家。刘佩黻倡导新文化，提倡男女平等，于1922年创办了宁夏第一所女校——中卫县贞贤女子初级小学（应理女校前身，今中卫市第二小学）。清末民初，刘佩黻与水利专家苏芳合作，革新美利渠渠务。他还亲自撰写了《美利渠清查受水田新立夫册兴利除弊碑记》，以记其事。

1930年，刘佩黻应邀出任宁夏县（清雍正二年即1724年设置，1941年更名为贺兰县）县长。任职期间，他赞助永康堡整治羚羊寿渠，使灌溉面积得以扩大。刘佩黻通览医书，博采众长，精研医术，尤对误食针类下喉的危重疾患独具绝招。公务之余，刘佩黻对慕名求医者悉心救治，不论贫富，分文不取。1940年，他被推举为宁夏省临时参议会议长。1944年刘佩黻病逝后，地方知识界与乡绅、商贾为纪念其兴学育才懿德，成立私立端甫小学（今中卫市第三小学前身），以昭其名，长久纪念。

今天的中卫市第二小学——当年宁夏第一所女校所在地

革命志士

袁金章

袁金章（1904—1968年），字丽生，中卫县（今中卫市沙坡头区）人。他是宁夏抗日民族统一战线的拥护者，是宁夏声望卓著的爱国民主人士，是中国共产党的忠实朋友。

袁金章1922年考入甘肃省立第一师范学校，1925年加入中国国民党，开始投入反帝、反封建的民主革命运动。毕业后返回中卫，任应理高小教员。1929年秋，入读北平中国大学经济系，兼任国民党北平市党部助理干事。他联络宁夏旅平学生组建宁夏旅平学生会，创办进步刊物《银光》，介绍三民主义，揭露宁夏社会黑幕。九一八事变后，他加入反帝大同盟，组织宁夏旅平学生参加赴南京请愿的示威游行，反对国民党政府的不抵抗主义。此后他与张子华（共产

袁金章

党员)、雷启霖联合主办《宁夏曙光》(系《银光》更名版),宣传抗日,抨击宁夏时弊。

1932年8月,袁金章大学毕业后回到宁夏,很快就因"宣传赤化"被捕入狱,后经营救获释。随后两年,袁金章初在兰州任西北绥靖公署驻甘行署咨议,后兼《甘肃民国日报》社经理部主任,与王鼎九合编《西北国际》周刊,宣传进步思想。两份报刊后均遭查禁。1934年秋,他应邀到国民党宁夏省党部任干事,兼任《宁夏民国日报》社编辑。1935年春,任国民党宁夏省党部组宣科科长兼省参议会参议员。

1936年至1938年,袁金章多次为中共地下党人从事秘密活动提供便利条件。他得知原宁夏旅平学生中有多人被宁夏省主席、军阀马鸿逵列入黑名单后,便设法转告他们使其脱离险境。1937年10月,中共宁夏工委书记李仰南带着张子华的介绍信,找到袁金章。袁金章和宁夏省立实验小学校长高尚信经研究,决定把李仰南安排到该实验小学任教,为其从事抗日活动提供掩护。李仰南到校后会同该实验小学教导主任侯亦人等人与袁金章等人配合,迫使马鸿逵和宁夏省政府教育厅批准成立"宁夏少年战地服务团"(简称"少战团"),允许少战团在宁夏境内宣传抗日。少战团在侯亦人、高尚信等人带领下,到银川周边各县学校、集镇宣传抗日,在宁夏掀起了抗日高潮。1937年冬至1938年春,袁金章协助安排中共地下党人孙房山等人到宁夏省立宁夏中学(今银川一中前身)任教,协助李仰南把杨一木、苏文分别安排到平罗完小和黄渠桥实验小学任教。

1939年年初,国民党蒋介石集团破坏国共合作,决定执行"防共""限共""反共"政策,秘密颁布《限制异党活动办法》。袁金章看到这些绝密文件后,立即通知李仰南,并协助他们撤离宁夏,使中共宁夏地下党组织免遭破坏。

抗战胜利后，马鸿逵继续残酷剥削并镇压人民，袁金章愤然辞去国民党宁夏省党部委员职务，到重庆参加了"三民主义同志联合会"（简称"民联"，系民革前身）。1946年夏，袁金章接任国民党中央青年部专门委员，11月，当选宁夏教育界国大代表，参加南京"制宪"国民大会。会议期间，袁金章联合雷启霖等公开揭露马鸿逵在宁夏的暴行。1948年，袁金章与民革南京分社主任委员孟士衡联系，先后掩护共产党员薛蒿山、董正东、马侠等进行地下革命活动。

中华人民共和国成立后，袁金章历任宁夏省政府委员兼副秘书长，宁夏省粮食厅厅长，甘肃省司法厅副厅长，宁夏回族自治区人民政府委员，民革宁夏区委会主任委员，政协宁夏回族自治区委员会第一、二届副主席，政协全国委员会第三、四届委员。袁金章在"文化大革命"中受到迫害，含冤去世，1979年被平反。

李天才

李天才（1909—1933年），字达之，中宁县枣园乡（今中宁县石空镇）人。1930年春，李天才考入宁夏省立第一中学（今银川一中前身）读书。1931年年初，在杜润芝介绍下加入中国共产党。同年12月，李天才按照杜润芝的指示，回到中宁策动宁安堡护路队兵暴，由于走漏风声，加之部署不周，兵暴失败，李天才被捕，后被营救出狱，回到

李天才

中宁枣园。1932年，杜润芝约李天才同去甘肃工作。

1932年5月，李天才参加了杜润芝、谢子长等人在靖远水泉发动的武装暴动，但未能成功。暴动失败后，李天才在甘宁两省遭到通缉，于是他化装成拉船工，经包头到北平，在党的领导下继续从事革命工作。1933年8月，李天才不幸在北平门头沟被捕，后被押解到天津特务监狱，英勇就义，年仅24岁。

孙殿才

孙殿才（1909—1975年），中宁县人。在恩和高小读书时，受共产党员刘屏先等人影响，孙殿才加入中国共产主义青年团。后孙殿才先后到兰州共和中学、甘肃省立第五中学（今银川一中前身）读书。在校期间，孙殿才和一些进步学生在党的领导下积极开展革命活动。1930年秋，孙殿才到北平弘达学院读书，通过同乡张子华找到了党组织。

孙殿才

同年12月，孙殿才加入中国共产党，任中共北平西城区委宣传委员。他以学生身份作掩护，和张子华共同从事学生运动。

1931年5月，孙殿才组织北平电车工人、洋车工人、淘粪工人、铁路工人罢工。此后，孙殿才先后在天津、张家口、唐山、上海等地担任党委书记、组织部部长、巡视员、宣传部部长等职务，分别组织天津纱厂工人、平绥铁路工人、唐山开滦矿工和洋灰厂工人、上海纱厂工人举行抗日罢工。其间，孙殿才调任察哈尔民众抗日同盟军军部支部书记和前委巡视员、东北抗日军第一师政治部政训员。察哈尔民众抗日同盟军在向热河和河北南部进军时，遇到国民党军万福麟部阻击，孙殿才腿部受伤，后随军进入沙石峪。

1937年，八一三淞沪抗战爆发后，孙殿才和其他爱国人士发动并组织工人拿起武器抗日，孙殿才任淞沪工人抗日别动队第五支队特支书记。同年冬，孙殿才到南京八路军办事处工作，后随机关退守武汉，在田家镇要塞司令部任特支书记，发动武汉船员和铁路、工厂工人进行对敌斗争，并组织武装别动队。随后，孙殿才到安徽省担任干训班大队长，不久到安徽省的无为、舒城、桐城等五县工作，担任舒无地委副书记，组织敌后武装斗争，巩固和发展江北抗日根据地。

1941年3月，孙殿才到延安中央党校学习，1943年，任陕甘宁边区"三边"（定边、安边、靖边三县合称）地委统战部部长。其间孙殿才和国民党军新十一旅的地下党负责人牛化东等取得联系，通过积极工作，最终促成新十一旅于1945年10月在安边起义。新十一旅成为抗战胜利后第一支起义的国民党军队，被毛泽东誉为起义的"火车头"。

1946年，蒋介石对陕甘宁边区发动全面进攻，马鸿逵部队向"三边"窜犯。1947年1月，中共宁绥工委成立，孙殿才任副书记，先后组建了回民游击队和回汉支队等地方武装部队，开展对敌斗争。1947年4月，回汉支队改编为宁夏人民解放军，孙殿才任司令员。同年5月，中国人民解放军西北野战军攻克环县，孙殿才率部随主力部队北上作战；7月，解放军转入战略反攻，宁夏人民解放军恢复"回汉支队"番号，返回盐池南部山区，先后击溃了盐、环、定各路"清乡团"，收复大片失地，恢复了人民政权。1948年，中共宁绥工委撤销后改为中共宁夏工委（之前被破坏解散），孙殿才任书记。他和中共宁夏工委其他同志贯彻中央指示，在解放区开展减租反霸斗争，建立地方人民政权，发动人民拥军拥政、支持前线，大力开展统战工作，积极为解放宁夏做准备。

1949年9月23日，宁夏解放，孙殿才带领中共宁夏工委机关随人民解放军十九兵团进驻银川。孙殿才后历任宁夏省委常委、省人民政府副省长，西北军政委员会委员，甘肃省委常委、省人民政府副省长，先后当选为党的八大代表和第一届、二届、三届全国人民代表大会代表。在1957年至1958年的整风运动中，孙殿才被错划为右派。1961年，谢觉哉来甘肃调查后称赞孙殿才是"敢于实事求是，坚持说真话的好同志"。1963年，中央为孙殿才恢复名誉。1964年5月，孙殿才任甘肃省政协副主席，后在"文化大革命"中遭受折磨病逝。

刘汉章

刘汉章（1913—1948年），固原李俊堡（今海原县李俊乡）人。1936年红军西征时参加红军，被编入红一方面军十五军团第七十八师第二三五团。1937年卢沟桥事变爆发后不久，刘汉章所在部队被改编为八路军第一一五师第三四四旅第六八七团，刘汉章在第二营第五连任班长。在1937年9月25日著名的平型关战斗中，刘汉章与日本侵略军展开了刺刀见红的殊死搏斗，立下战功，光荣地加入了中国共产党。1937年10月，娘子关战斗打响了。在突击班陷入重围而后续部队被密集的炮火阻隔无法救援的紧急关头，刘汉章挺身而出，冒着敌人的炮火冲了上去。他灵巧地跃过一个个弹坑，不一会儿就翻过围墙进了村，以猛烈而准确的火力消灭了几

刘汉章

个敌人，救出了战友。

1939年年初，刘汉章被提拔为第七连副连长。此后，他因指挥果断、作战勇敢而屡获提升，先后任连长、副营长、营长、副团长、团长等职。1946年5月，刘汉章作为副团长参加了四平保卫战。面对20倍于己的国民党军队，刘汉章采取"口袋战术"，以极小的代价重创了国民党军队的两个师。1947年7月，刘汉章调任第二纵队第六师第十七团团长。同年12月20日，刘汉章率团随纵队主力进入彰武城东南，打下纪嘎窝北面的敌人地堡群；12月28日，他率团与兄弟部队一起攻入城内，全歼守敌9000多人。他一生亲历过上百次战斗，指挥过数十次战斗，几乎每次战斗都冲在最前面，曾六次负伤。1948年5月，在一次演习时，刘汉章亲自指挥爆破，不幸头部受伤，光荣牺牲。此时，他的身体里还嵌着一颗没取出的子弹。纵队首长赞誉他为"英雄团长"。

张子华

张子华（1914—1942年），中宁县人，原名王绪祥，又名王宿祥、王小髯，曾化名王少髯、黄汉等。1930年，张子华在北平读书时加入中国共产党，先后担任中华全国总工会华北办事处秘书、代理党团书记等职。

1931年，张子华参加宁夏旅平学生会，组织宁夏籍学生学习马克思主义、参加反帝爱国斗争，培养了一批抗日救亡运动积极分子。1932年冬，宁夏当局指控该学生会是共产党组织，缉捕宁夏旅平学生。张子华坚持留在北平，和孙殿才、李天才等

张子华

人散发传单,刷写标语,发动和组织群众,进行反抗军阀的斗争。

1933年,北平地下党组织遭到破坏,张子华到开滦煤矿组织工人罢工。1934年5月,受中华全国总工会华北办事处派遣,张子华前往天津领导工人纪念五卅运动九周年活动,不幸被捕。张子华无所畏惧,巧妙保住了党的机密,同年9月被保释出狱。受中共中央驻北方代表陈铁铮(孔原)派遣,张子华前往陕北游击区巡视工作。到达榆林市清涧县河口村后,他得知敌人正准备对陕北和陕甘边区发动"围剿",当即给陕甘红军领导人刘志丹写信,分析形势,研究对敌策略,提出了具体建议。1935年2月5日,陕北和陕甘两特委采纳张子华的建议,决定成立中共西北工作委员会和西北革命军事委员会,统一指挥陕北和陕甘地区的红军和游击队。

1935年年初,张子华调任中共上海临时中央局组织部秘书,兼任联系河北省委的政治交通员。同年12月,上海中央局特别行动科委派他同南京政府秘密接洽国共两党联合抗日事宜。1936年1月到11月期间,张子华携带周恩来等人的信件,数次来往于上海、南京、广州、西安,以及陕北、山西之间,行程数万千米,历尽艰辛。在这期间,张子华曾赴东征前线,向毛泽东汇报在上海与南京政府接洽事宜以及上海地下党的情况,受到毛泽东的好评。张子华后被任命为中央统战部联络局副局长。

卢沟桥事变后,为了加强宁夏的抗日救亡工作,党中央派张子华为代表,赴宁夏做军阀马鸿逵的统战工作。马鸿逵毫无谈判诚意,并对张子华进行监视。为摆脱监视,张子华借口离开了宁夏。张子华虽然在宁夏逗留时间很短,却利用自己是宁夏人和叔父王含章为国民党中央派驻宁夏省党部特派员的身份,以及宁夏旅平学生会的关系,宣传抗日救亡和中共的主张，促成了以袁金章为首的抗日民族统一战线小组的秘密建立。1937年10月，中共宁夏工委成立时，工委书记李仰南等人持张子华的信件找到袁金章等人，在袁金章的帮助下，李仰南等人的革命工作进一步开展。张子华还动员王振刚（王茜）、王栋、孟长有等进步青年奔赴延安参加革命。张子华的宁夏之行为恢复和建立宁夏地下党组织创造了一定条件，为日后党组织在宁夏开展工作起到了铺路搭桥的作用。

1939年9月，张子华因涉嫌通敌案遭到隔离审查，1942年病逝。1983年9月，中央组织部对张子华的历史问题作出正确结论，恢复了他无产阶级革命者的身份。1985年5月，中共宁夏回族自治区委员会召开大会，公开为张子华恢复了名誉，并在银川八里桥革命公墓（今银川烈士陵园）安放了他的遗像。

孟长有

孟长有（1916—1941年），中卫县柔远堡（今沙坡头区柔远镇）人。1937年秋，孟长有升入宁夏省立宁夏中学高中班。该中学和宁夏省立实验小学一直有共产党地下组织活动，是宁夏宣传抗日、开展革命活动的策源地。孟长有在地下党组织的指导下，参加"读书会"和"宁夏少年战地服务团"活动，积极投身于抗日救国的宣传活动之中。

1938年，孟长有被中共宁夏工委选派到延安接受培训，进入抗日军政大学，被编入洛川大队第二支队学习。1938年年底，

孟长有

他光荣地加入了中国共产党。1939年,党组织派孟长有回宁夏开展地下工作。为便于开展地下革命活动,孟长有先在中宁地政局石空派出机关当录事,后在喊叫水海如小学任教。在海如小学任教期间,孟长有在讲堂内外向学生宣传党的抗日主张,痛斥日军的侵略罪行,讲述红军战士为革命出生入死、英勇作战的事迹,激发学生的爱国热情,引导他们走上革命道路。他还协助进步校长李仕林改革教学体制,建立新校规,深受学生和群众的拥护。1940年4月,由于叛徒告密,中共宁夏工委遭到严重破坏,孟长有和中共宁夏工委书记崔景岳等多人被捕。在狱中,孟长有受到严刑逼供,但他始终坚贞不屈,大义凛然。他同崔景岳一起建立了狱中党支部,带领难友坚持斗争。1941年4月17日深夜,崔景岳、孟长有和三边回民巡视团中共特支书记兼团长马文良被敌人活埋在银川城隍庙后,孟长有牺牲时年仅25岁。

徐良

徐良(1920—1985年),原名徐建堂,中卫县宣和堡(今沙坡头区宣和镇)人,幼年就读于私塾,因家贫辍学,被家人送到固原七营(今海原县七营镇)的一家店铺当学徒。1935年,中国工农红军长征途经七营时,他加入革命队伍,随红军长征抵达延安。

在革命队伍里,徐良接受党组织的教育,思想觉悟进步很快。1937年10月,徐良加入中国共产党。在血与火的战场上,他英勇战斗,成长迅速,先后担任警卫员、班长、副中队长、作战参谋、营长、副指挥员等职。抗日战争时期,他跟随刘邓大军转战山东抗日前线和鲁西敌后游击区;解放战争时期,又参加了闻名于世的平津、淮海两大战役。徐良驰骋疆场,身经百战,指挥有方,曾四次荣立战功。

1949年，中华人民共和国成立后，徐良初任广州市公安局副局长，后任广东省警卫处副处长。除负责地方治安工作外，他多次负责保卫毛泽东、刘少奇、周恩来、林伯渠等党和国家领导人在广州视察工作时的安全。1955年，刘少奇、周恩来由广州返京，他一路护送，到京后受到周恩来总理的热情款待。1958年4月，毛泽东等中央领导在广州开会，会后毛泽东返京，而刘少奇、周恩来因工作到月底才能回京。为保证两位领导如期参加在京举行的五一庆祝活动，徐良亲自护送。飞机抵达长沙时，因天气原因，大家不得不改乘火车，到郑州后又换乘飞机。整个行程中，徐良竭尽全力，努力争取时间，最终将两位领导人及时安全护送到京。4月30日晚，毛泽东主席在中南海接见了徐良。

1955年，徐良被授予上校军衔，任广东省公安总队副队长，1968年任广州警备区副参谋长。"文化大革命"期间，任广州市军管会主任。1970年，任广东省梅县军分区副司令员。1978年任广州警备区顾问。

《解放军报》对徐良予以高度评价："徐良的一生，是革命的一生，战斗的一生。他参加革命斗争50余年，身经百战，屡立战功，为中国人民的解放事业和祖国的四化建设贡献了毕生精力，是中国共产党的好党员，祖国人民的好儿子。"

焦占宝

焦占宝（1922—1944年），又名焦占保，中卫县宣和堡（今沙坡头区宣和镇）人。1936年9月，西征红军经过中卫香山地区时，焦占宝便参加了中国工农红军，成为红七十三师战士。1937年，焦占宝加入中国共产党。1937年9月25日，八路军第一一五师发动了震惊中外

焦占宝烈士墓碑

的平型关战斗。焦占宝和队长屈振东跟随在第一线指挥的副团长田守尧冲入敌阵，与日军展开血战。田守尧不幸负伤，焦占宝冒着敌人的炮火将其救回。此后，焦占宝参加过开辟抗日根据地斗争、反顽斗争、反"扫荡"斗争，先后担任过某部青年干事、指导员、政治教导员、政治委员等职务，后改任第六团政委。1944年9月6日，趁敌人立足未稳，新四军第三师第十旅兼淮海军分区集中第二、第四支队奔袭进占宿迁境内运河线上的林公渡日军王牌金井中队和伪军一个中队，第六团担任主攻，焦占宝亲临一线指挥，经过激战，打死日军66人，活捉2名日本兵，毙伤伪军90余人。

1944年12月5日，在淮海周边地区日伪军的策划下，投降日军的原国民党军孙良诚部第四、第五军1.6万余人，南下向苏北抗日根据地进犯。新四军第三师第十旅兼淮海军分区集中第一、第二、第三支队，于12月6日夜向江苏灌云大伊山发起进攻，以阻止孙良诚部南下。焦占宝所在的第二支队各团将士顶着严寒，冒着敌人的炮火，渡过结着薄冰的河流，攻入大伊街区，与守敌展开激战。街区大部分守敌被消灭，敌军主力退守到位于街中心的坚固堡垒内负隅顽抗。第六团政委焦占宝指挥第一梯队向龟缩在堡垒内的敌人发起猛攻，不幸身负重伤，当即被送往后方医院抢救，但终因伤势过重，于1944年12月8日牺牲，年仅22岁。

李吉武

李吉武（1924—1952年），中宁县新堡人，中国人民志愿军二级战斗英雄。1949年宁夏解放时，李吉武参加了中国人民解放军。1950年抗美援朝战争打响，他志愿参加中国人民志愿军，1951年2月随他所在的十九兵团赴朝作战。李吉武在部队表现积极，于1951年4月加入中国共产党。1951年4月底，李吉武参加了抗美援朝第五次战役。在一次艰苦的反击战中，李吉武英勇战斗，不幸负伤，之后被送到军医院治疗。伤口刚一愈合，他就要求归队继续参加战斗。不久，他第二次负伤，不等痊愈便又坚决要求重上战场。

1952年5月28日，在开城保卫战中，十九兵团第五五九团担负阻击敌人进攻的任务，李吉武所在的班奉命防守智陵洞。敌军以两个连的兵力，在八架飞机、五辆战车的掩护下，向智陵洞阵地猛扑。战斗异常激烈，敌人连攻数次，均被李吉武班战士击退。但敌众我寡，战斗到最后，班长和战友们都牺牲了，阵地上只剩下李吉武一人在坚守。敌人再度发起进攻，此时，李吉武已打光了最后一颗子弹。他趴在掩体里，目不转睛地盯着一步步逼近的敌人。等敌人距离他只有三四米远时，他一跃而起，冲到敌人面前，拉响了紧握在手中的两颗手榴弹。敌人死的死，伤的伤，其余的人也被李吉武的英雄气概所吓退。李吉武壮烈牺牲，用生命保住了智陵洞阵地。战斗结束后，李吉武被中国人民志愿军司令部追认为"二级战斗英雄"。

李吉武烈士纪念碑亭

当代英才

曹有龙：枸杞产业专家

曹有龙（1963— ），宁夏中宁人，中共党员，2000年四川大学博士毕业，二级研究员。曹有龙现任宁夏农林科学院枸杞科学研究所党支部书记、所长，国家枸杞工程技术研究中心主任，国家枸杞产业技术创新联盟首席专家，国家道地药材评定委员会委员，宁夏"枸杞种质创新与遗传改良研究团队"首席专家，宁夏枸杞协会专家委员会主任、中国枸杞研究院专家委员会主任。

曹有龙长期从事枸杞新品种选育及栽培工作，带领团队搭建了国家级研发平台——国家枸杞工程技术研究中心，建成了世界唯一的枸杞种质资源圃（200亩），10个品种获得国家新品种保护；审定宁杞5号、宁杞7号、宁农杞9号3个良种，其中宁杞7号截至2022年年底累计推广种植面积达108万亩，累计产值200亿元。

近几年，曹有龙主持了国家科技支撑计划、国家"863"专项、国家自然科学基金、国家林木种质资源库建设、农业农村部现代种业提升

曹有龙

工程建设、宁夏回族自治区重大育种专项、宁夏回族自治区枸杞全产业链创新示范等40余项科研项目，获得宁夏回族自治区科学技术重大贡献奖1项，重大创新团队奖1项，宁夏回族自治区科学技术进步一等奖2项、二等奖3项、三等奖3项；获批国家发明专利15项；主编专著6部；发表学术论文300余篇，其中SCI期刊40篇。

曹有龙先后获得全国优秀共产党员、全国劳动模范、全国优秀科技工作者、国家林业个人突出贡献奖、宁夏创新争先奖等奖励，入选"塞上英才""塞上农业专家""自治区60年感动宁夏人物"，享受宁夏回族自治区人民政府和国务院政府特殊津贴，入选宁夏首批院士后备人才。

李新荣：治沙防沙专家

李新荣（1966— ），甘肃天水人，中共党员，中国科学院西北生态环境资源研究院二级研究员，中国科学院沙坡头沙漠试验研究站（以下简称"沙坡头站"）站长，中国科学院大学教授、博导。1997年从中国科学院北京植物所博士后出站后，他来到了以"麦草方格"治沙闻名于世的中卫沙坡头，从此扎根沙坡头20多年。

李新荣长期从事干旱区生态学和沙漠科学研究，担任中国生态学学会常务理事、恢复生态学专业委员副理事长等多种职务，为《联合国防治荒漠化公约》履约专家和科技委员会独立专家。

李新荣担任沙坡头站站长后，带领团队开展长期观测和系统研究，面向国家战略需求，把握学科动态，提出沙化草地恢复的理论假说，揭

枸杞种植基地

示了干旱沙区土壤水循环的植被调控机理，回答了年降水量小于200毫米的沙区能否通过人工生态恢复的重大科学问题；系统研究了生物土壤结皮的生态水文功能，开展了人工培养拓殖技术研究，大大缩短了生物土壤结皮形成时间。这些成果具有良好的应用前景，拓展了荒漠生态学和生态水文学的研究领域，填补了国内相关研究的空白，为防沙治沙、干旱区生态恢复重建和国家生态屏障建设作出了贡献。

李新荣发表论文300余篇，其中被SCI收录170余篇，被SCI他引1万余次，出版专著6部，获授权国家发明专利7项；获得国家科学技术进步二等奖2项（2009年、2018年）、宁夏回族自治区科学技术进步一等奖2项（2007年、2017年）、甘肃省自然科学一等奖1项

（2008年）、甘肃省科学技术进步一等奖1项（2017年）；是中国沙产业学会"全国防沙治沙先进科技工作者"、中国科学院首届"王宽诚西部学者突出贡献奖"（2008年）和"中国生态系统研究网络科技贡献奖"（2014年）等荣誉的获得者，并于2011年、2018年两次获得中国科学院"优秀共产党员"称号。

李新荣带领的沙坡头站被中国科学院授予"野外工作先进集体""双文明建设先进集体""第四届创新文化建设先进团队"等荣誉称号；连续三次获评中国科学院"优秀野外站"，并被评为"全国防沙治沙先进集体"，成为科技部首批国家重点野外台站；连续四次获得中国科协"全国科普教育基地"。2021年在中国共产党成立100周年之际，沙坡头站被中央宣传部命名为全国爱国主义教育示范基地。

唐希明：沙漠守望者

唐希明（1966— ），宁夏中卫人，中共党员，正高级林业工程师，中卫市西郊林场场长，是林业基层干部的杰出代表，被人们称为"沙漠守望者"。

1991年，唐希明从西北林学院（今西北农林科技大学）毕业后，奔赴自然条件十分艰苦的腾格里沙漠。他接过老一辈治沙人的"接力棒"，成为第三代治沙人。在之后30余年里，唐希明带领治沙队伍和当地群众，风餐露宿，先后参与实施了"三北"防护林、中德财政合作中国北方荒漠化综合治理、世界银行贷款宁夏黄河东岸防沙治沙、"蚂蚁森林"合作造林等一大批生态项目，治理西风口、北干渠系、葡萄墩塘等八大沙区73.07万亩，治理面积占到市域内168万亩沙漠的43%。

唐希明

在前人奋斗的基础上，唐希明和大家一起将沙漠治理率提高到了90%。

唐希明坚持进行防沙治沙科学研究，组织参与了西北干旱地区林业防风固沙作用、抗旱造林技术等多项课题研究，其中，"中国沙漠鸣沙形成机理及其修复技术研究"成果获宁夏回族自治区科学技术进步三等奖；参与编写《林木良种晋欧1号》行业国家标准，参与选育的"晋欧1号"欧李品种获国家林木良种证；"水分传导式精准型沙漠植苗工具""草方格沙障用刷状网绳的生产装置"等四项发明取得国家实用新型专利并投入应用，累计节省资金6000余万元，沙漠造林成活率提高约25%，达到85%。唐希明参与的宁夏黄河东岸防沙治沙项目中卫市项目被世界银行认定为"令人满意的项目"。2020年，唐希明通过多次研究实验，破解了中卫南山坡地区特殊地质构造下的绿化难题，为这道高86米、坡度60度、长1500米的山坡披上了绿装。

唐希明注重治沙经验的技术传承。他组建并培训了一支由当地农民组成的300余人的治沙队伍，这支队伍在治理宁夏沙漠的同时，还远赴内蒙古、甘肃、青海等省（区）治沙造林并传播技术，为西北地区荒漠化治理作出了贡献。

唐希明的先进事迹被《人民日报》、新华社等多家媒体多次报道。唐希明多次被评为"全国防沙治沙先进个人""绿色生态工匠""最美林草推广员""优秀共产党员"，并被聘为国家土地封禁保护区专业委员会委员，2020年又被宁夏大学聘为兼职教授，从事人才培养、学科专业建设和科学研究等工作。

俞大鹏：无机非金属材料领域专家

俞大鹏（1959— ），宁夏中卫人，博士，中国科学院院士，"长江

学者"特聘教授。现任南方科技大学物理系教授，深圳（南科大）量子科学与工程研究院院长，曾任北京大学物理学院教授。他是中卫市走出的第一位研究生。俞大鹏主要从事半导体纳米线材料的制备与关键材料科学问题的研究，为我国纳米线材料物理科学研究进入国际先进行列作出了重大贡献。

俞大鹏先后发表300余篇论文，其中国际顶级专业刊物论文100余篇，被同行参考他引1万余次。俞大鹏曾以第一完成人身份获得了2004年度教育部提名的自然科学一等奖，并于2007年获国家自然科学二等奖。在世界著名出版公司Elsevier发布的2014—2017年度在全球具有重要学术影响力的中国高被引学者（Most Cited Chinese Researchers）榜单中，俞大鹏连续三年进入"物理与天文学科"前三名。

中卫盛景

沙坡鸣钟
宁夏黄河第一渡
水车转动北长滩
寺口听风
南华叠翠
大漠星空

沙坡鸣钟

沙坡鸣钟，也叫"金鸣钟"，位于中卫市区以西八千米的腾格里沙漠南端、黄河入川的第一站——香山。沙坡头沙、河、山三景齐聚。滚

滚而来的腾格里大沙漠被波涛汹涌的黄河阻隔，在此处隆起一个100多米高的沙坡，此即沙坡头。黄河冲出黑山峡后，在沙坡头处形成一个大弯，自西向东平缓流去。

"游遍中国万里路，长忆宁夏沙坡头。"沙坡头，沙与山之间夹一河，融沙漠、青山、长河、绿洲于一体，为国家首批5A级旅游景区，被誉为"中国沙漠之都"，国家有关部门和旅游专家称之为"世界垄断性旅游资源"，美国《国家地理》杂志称之为"世界奇观"。沙坡头旅游区入选"中国最美的五大沙漠""中国十大最好玩的地方"，是第一个国家级沙漠生态自然保护区，是中国三大鸣沙之一——沙坡鸣钟所在地。2019年1月9日，沙坡头景区荣获"中国优秀旅游景区"称号，位列该奖项全国十强。

黄河进入中卫后，水势渐缓，把巍峨香山与金色沙洲勾勒成一个罕见的、包含"阴阳双鱼"的"太极图"景观。清晨，日出沙海，河上

黄河黑山峡雄姿

凫鸥戏波；黄昏，大漠长河，西方落霞漫天。即使是万物凋零的冬季，这里也是非同凡响：雪落沙坡，冰覆河川，远山如黛，日落驼峰。天阔地远、万古悠悠的沧桑感伴随着金色鸣沙，融入宁静奇幻的妙景，化作一朵彩云消失在天际。

沙坡头，陡立如削，壮美如画。而更为神奇的是"沙坡鸣钟"，每当天气晴朗，阳光照射，沙漠温度升高、沙子滚烫时，人从百米高的沙坡上滑下，沙子就会发出一种似钟似磬、连续不断的嗡嗡声。这是沙粒在暴晒后经风吹拂或人马走动后移动摩擦而产生的一种物理现象，古人

沙坡鸣钟

还赋予其动人的神奇传说。

相传古时这里是一个美丽的国度，叫桂王国，它常常受到北面北沙国的侵略。桂王国城墙上挂着一口神钟，每遇危险，便自鸣报警。桂王国王子吴祺继位后，在一次战争中战败被俘，但其被北沙国公主看上，公主遂为其求情。北沙国国王问吴祺是否愿娶公主为妻，吴祺假意应允，并立誓说如若反悔，就让北沙国之沙压住桂王国。吴祺随后悔婚，星夜逃回，桂王国臣民大喜过望，举杯相庆，烂醉如泥。北沙国大军压境，神钟轰鸣不止，人们却浑然不知，桂王国顷刻间便被黄沙吞

游客乘索道飞渡黄河

没。此后，每当有人从沙坡经过，神钟便会嗡鸣求救。被埋在沙坡下的人们悲痛不已，泪流成河，形成了三股暗泉，人们称其为"泪泉"。泉边生长着许多奇花异草，艾蒿尤为鲜嫩，其叶香味悠长，药用效果甚佳，还可用来和面蒸食，因此泉水又得一美名：艾泉。泉旁为童家园子，有百十亩大，早先住着二三十户童姓人家，他们靠着这一汪泉水浇灌土地，种粮种菜，过着宁静祥和的日子。

阳春三月，童家园子的桃树、杏树、梨树等花开满园，群芳斗艳。

沙坡头全景图

沙坡头景色宜人，鸟语花香，空气清新。游客至此，安步当车，欣赏楼台亭阁，如入画中；黄河乘筏，感受碧波荡漾；乘索道飞渡黄河，犹如手持彩练，当空飞舞；乘快艇黄河冲浪，有惊无险；黄河蹦极，胆战心惊；在黄河的玻璃栈桥上行走，犹如踏浪；在大沙丘上"冲浪"，车飘沙飞，上下翻浪，顿觉神魂颠倒；乘驼游览沙坡头，驼铃悠扬，恰似远古的呼唤。这里还有骑马射箭、星空篝火、星星酒店等娱乐项目设施，凡到过这里的游客，无不乘兴而来，尽兴而归。

宁夏黄河第一渡

南长滩村地处宁、甘两省（区）交界处，坐落于黄河流入宁夏境内的黑山峡峡谷中。南长滩村是黄河流经宁夏的第一座村庄，因此有"黄河第一渡"之称。黄河在此转了一个大弯，在河南岸形成月牙形长滩，故称"南长滩"。村庄四面环山，一河环流，阡陌纵横，牛羊成群，鸡犬相闻。村里有百多户人家，多为拓姓，依坡而居。

登山远眺，古长城蜿蜒起伏，烽燧相望。翻过山冈越过峻岭，目之所及，石崖上的古岩画、山谷中的古堡及秦汉遗迹不由让人生发出思古之幽情。俯瞰黄河，波涛汹涌，浪花翻滚。脚下村庄，绿树环绕。层层梯田，美如画卷。整个村落环境幽雅，风光旖旎。

村庄里的房屋多为四梁八柱式的土木结构传统民居，高低不一，小巷纵横交错，户户紧临。这里的农人一如往昔，日出而作，日落而息。这里民风淳朴，手艺世代相传，村民会擀毡、做皮货、做羊皮筏子、打石碾、锻石磨、做木工活、盖房子、会缝衣、做鞋、刺绣、剪纸、饦馍馍、炸馃子、腌酱缸肉、炒羊羔肉等。

南长滩村子虽小,却拥有三个宁夏第一,即宁夏黄河第一村、宁夏黄河第一渡、宁夏黄河第一漂,又称"宁夏黄河农耕文化的第一村",入选中国历史文化名村。

南长滩村远景

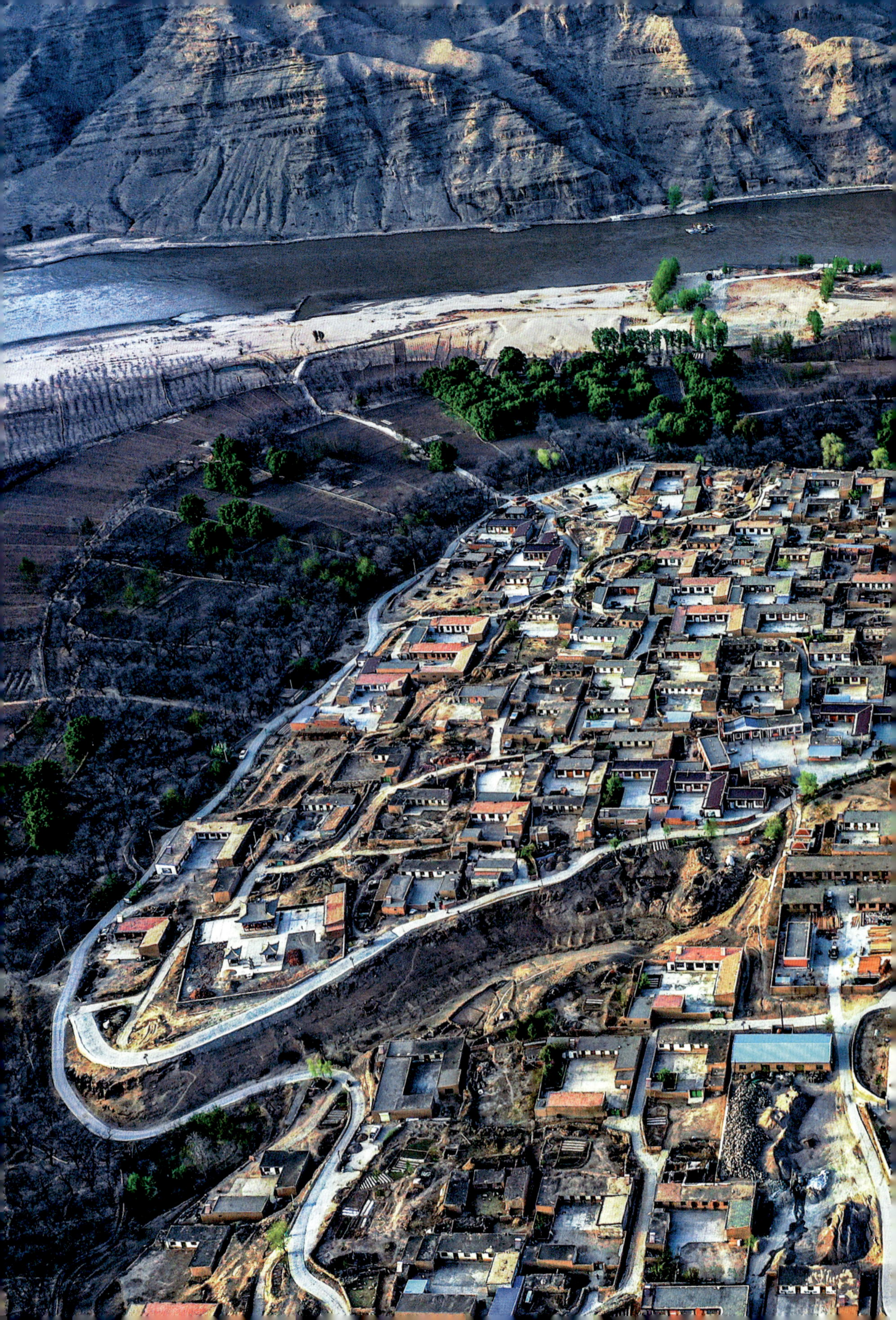

醉美古村南长滩

水车转动北长滩

北长滩村为一座古朴的山村，位于中卫境内黄河北岸。黄河的涛声昼夜不息，古老的水车吱吱转动，一边由斗子吸水而上，一边由斗子吐水而下，往复循环，泛珠吐玉，为农家浇灌着田园。

古老的水车缓缓转动，造就了一个世外桃源。坡上坡下，房前房后，潺潺流水，绕村而过。这里奇花野草遍地，桃树、杏树、李树、枣树等自然生长在河畔和山麓，牛羊散养，鸡犬守舍，花果飘香，炊烟袅袅，大山、峡谷、黄河、村庄、水车、田野，组成一幅美丽的风景画，赋予北长滩村无限的生机和灵性。

北长滩村的水车据说建于明末清初，已有几百年的历史。村里有张姓传人承袭了水车打造和修缮的技艺。这部高大的水车昂然屹立在黄河岸边，散发着恒久的魅力，静静地与群山、田野相依相伴，守护着村庄，让哗啦啦的河水由低向高流入农人的田园，带给农人满足和幸福。

在北长滩村，黄河两岸山崖陡直，怪石嶙峋，水中险滩、暗礁出没，河道时直时曲，流速时缓时急，这里因此有"黄河小三峡"之美称。从沙坡头区迎水桥镇孟家湾村由东向西、再向南沿河至北长滩，一路上可观赏双狮山、阎王碥、一窝猪、大柳树、将军渡、龙王炕、鹞子翻身、黄石璇、榆树台子等自然景点，可探成吉思汗古渡、秦长城等遗迹。

北长滩村古老的水车

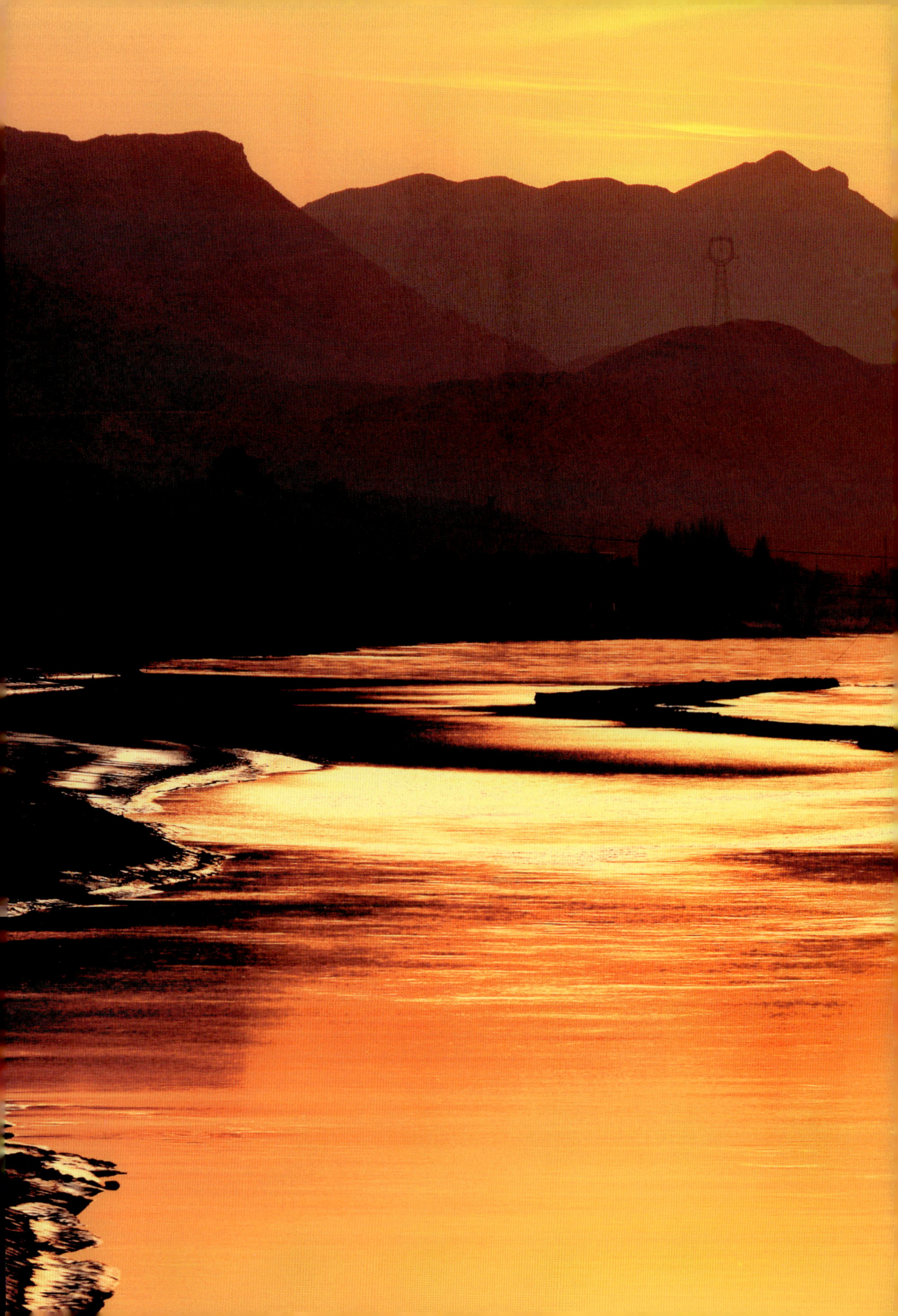

黄河古渡

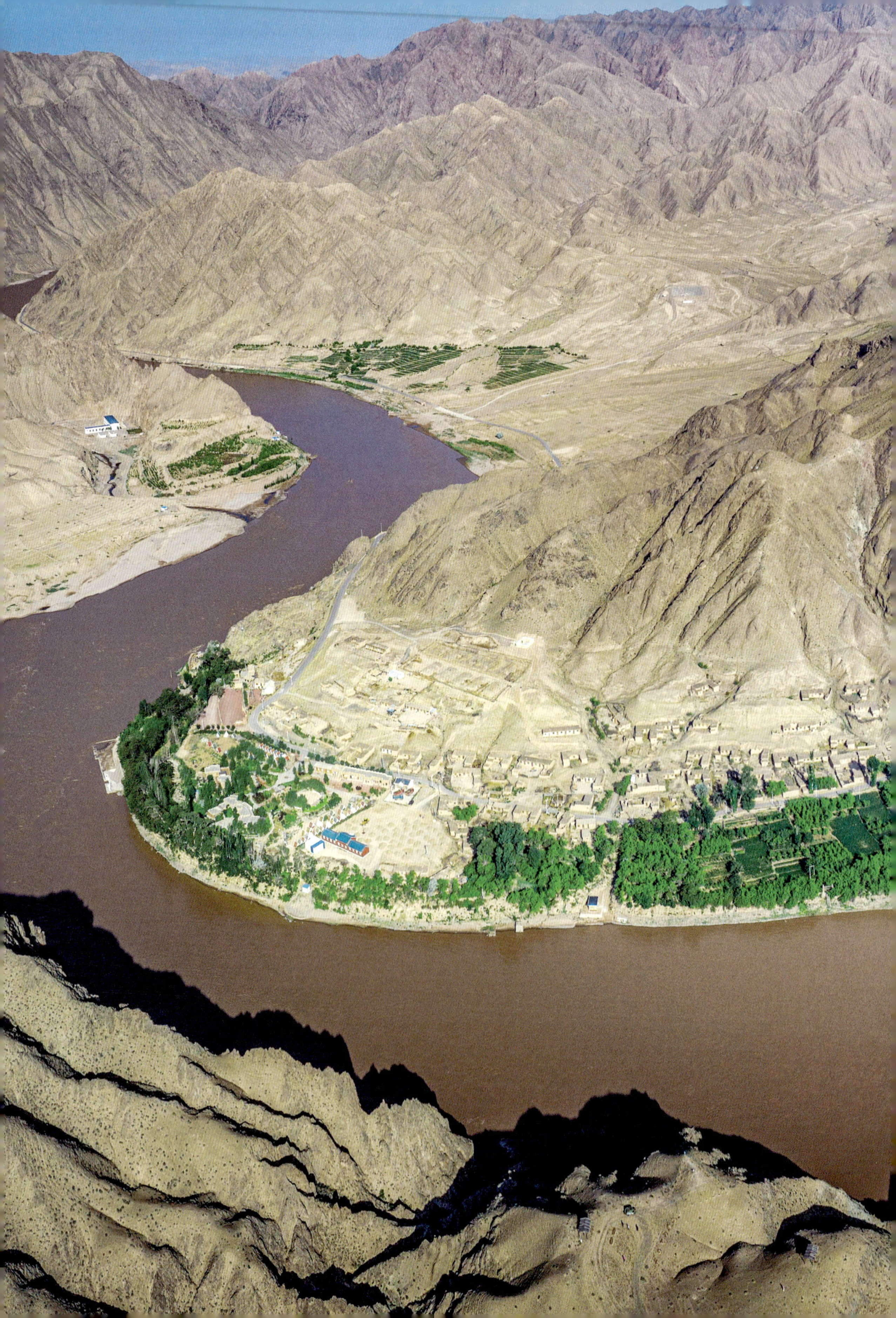

北长滩古村落

寺口听风

寺口子风景区位于中卫香山东麓，同时拥有喀斯特地貌和丹霞地貌，险幽奇绝，景观独特。寺口子因山洪沟两岸寺庙而得名，古为锁扼固原、平凉、西安等地的咽喉要道。

寺口子风景区占地18平方千米，分东西两个景区。东为天景山，西为米钵山，两山雄峙，仅通石径。寺口子沟口、绣球峁东西撇开青、红二山，横亘原野，好似二龙戏珠、逶迤起舞，峰峦叠翠，山势峻奇。

寺口子东景区——天景山，又名石匣子，属于典型的喀斯特地貌。两边山势陡峭如削，幽谷深壑，暗流涌泉。谷内聚仙洞、豹子涧、神仙脚峁等景观，自然天成，妙趣横生。天景山海拔2300多米，灵仙谷内，多处瀑布飞流直下，汇成清泉碧潭。山峰怪石林立，龙门、巨龙盘卧、灵龟观海、虎口、栾台、云梯、仙界等景致奇特，重嶂叠黛，瑶草芬芳，山水映衬，堪比天界，故称"天景山"。

寺口子西景区——米钵山，则属丹霞地貌。自然造化形成的红色岩石"大光阴""小元阴"和红石攀岩场，堪称绝妙。这些神奇的丹霞地貌景观，凸显了大自然的壮美。传说中的苏武栖身石窟、苏武圈羊石窟、苏武断桥、苏武庙，以及云汉天渡索桥、米钵寺大睡佛等诸多景致均集中于此地，再现奇特的人文景观。

丝路古道寺口子风光

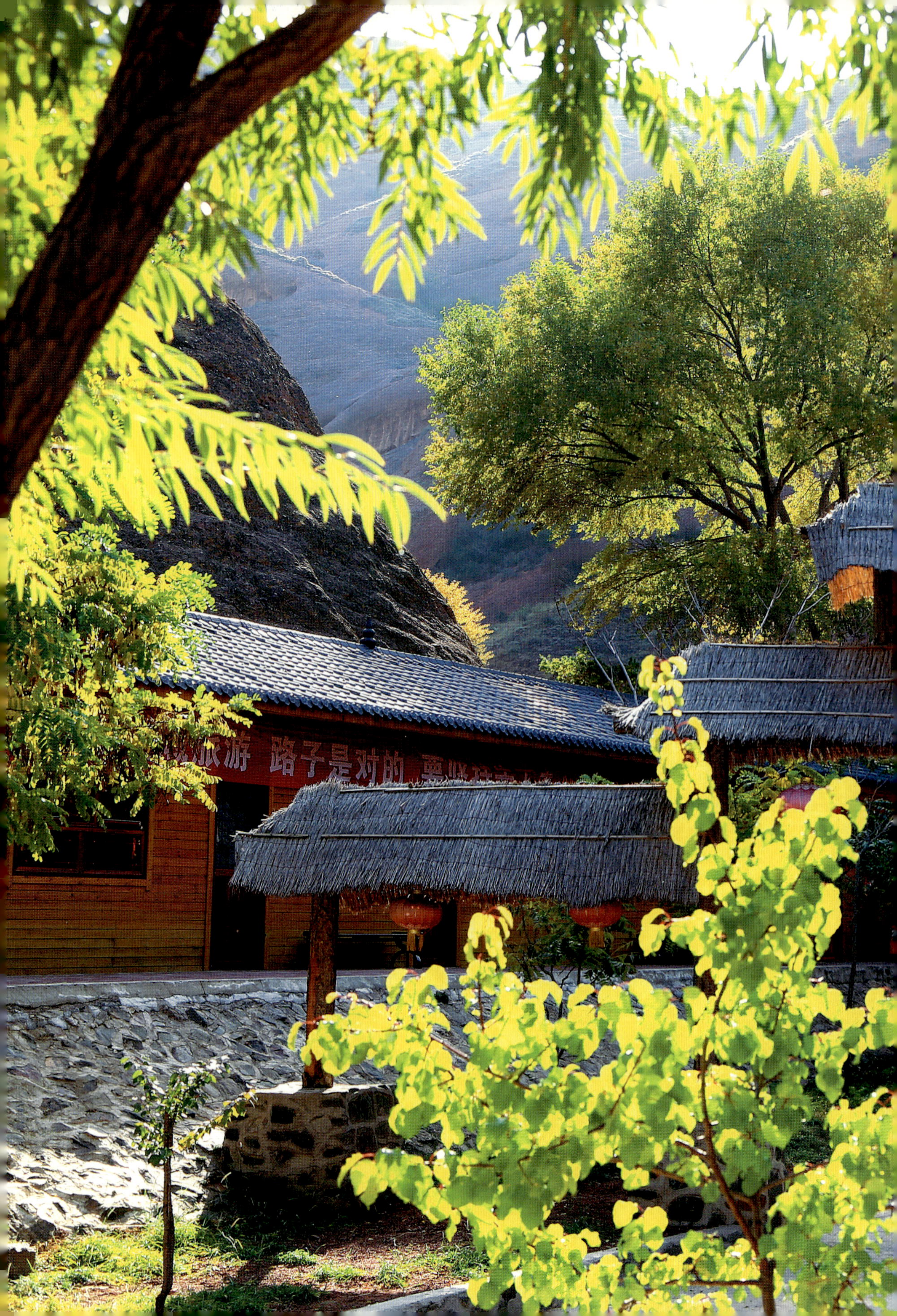
旅游 路子是对的

传说中的苏武牧羊遗址

南华叠翠

南华山系六盘山余脉，位于海原县城南 7.5 千米处。南华山南依月亮山，西与天都山毗连，东接天景山，呈东南—西北走向，长约 35 千米，宽 25 千米，总面积 2.8 万公顷，平均海拔 2660 米，主峰马万山海拔约 2955 米，系宁夏第二高峰、中卫最高峰。南华山因山形似莲花，又名莲花山；因山高天寒、春秋时有降雪，故又称"雪山"。

南华山的西北端有新石器时代菜园文化遗存，东南有水冲寺遗址，山中有灵光寺遗址、二王子避难洞等。这里四季景色宜人，为休闲避暑的好去处。清代"海城八景"中，南华山占三景。

远眺南华山，山岚缭绕，庙宇隐现，峰岭奇特。山与寺、寺与林、林与溪、溪与峰浑然成趣。南华山中部，五峰叠峙，形如天作拱桥，又似跨天云梯，人称"五桥山"。五桥山五泉环绕，泉水叮咚，银珠泛波，风光宜人。松柏林、白桦林郁郁葱葱，一望无际。四季景色，无不引人入胜。春夏之际，层峦叠翠，碧水溪鸣，山秀鸟语，野花遍地；秋季到来，层林尽染，五色缤纷；冬季降雪，银装素裹。南华山因此被誉为

"华山叠翠""黄土高原翡翠""旱塬上的绿色明珠"。

南华山气候凉爽,牧草丰茂,天然次生林分布于山的西北部。南华山是一个集黄土、高原、森林、草原、溪水、湿地、奇峰于一体的复合性生态系统,风光旖旎,景色宜人,是中卫南部地区一座巨大的绿色宝库。这里优越的自然生态资源为各种动物栖息、繁衍创造了良好的环境,除常见的老鹰、喜鹊、麻雀、野兔等之外,南华山还不时有长尾山鸡、狐狸、狼、野猪等出没。

南华山

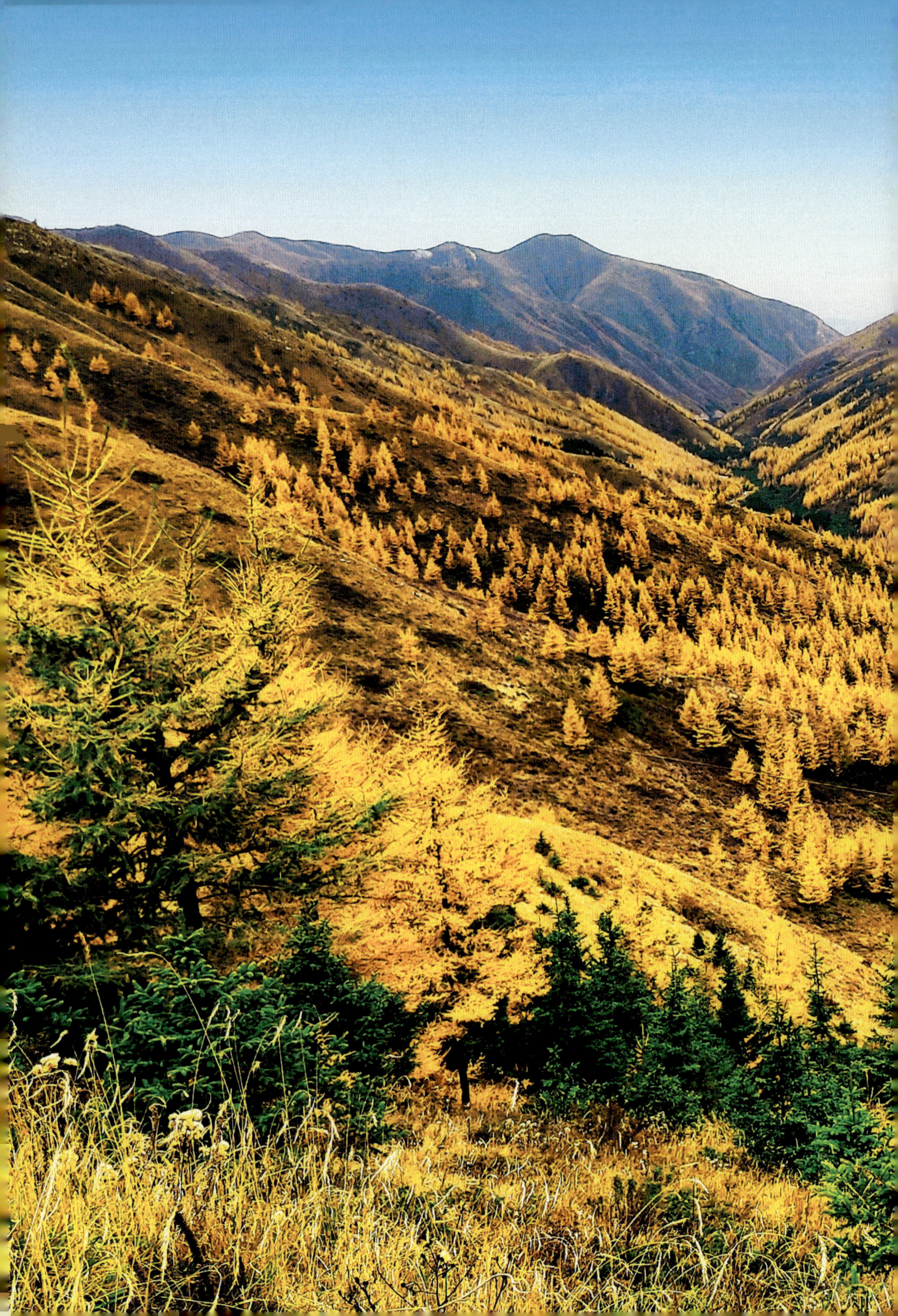

南华山之秋

大漠星空

走进腾格里沙漠，连绵起伏的沙丘一望无际。到了夜晚，满天星斗下，独具风格的各式观星酒店、民宿散落在沙海之中，让人感觉宛若置身另一个星球。这里，既有西北大漠风光的雄奇，又不乏逐梦远方的浪漫。

中卫市充分利用天朗气清的星空优势，在茫茫腾格里大漠中规划出沙漠"大客厅"，建造了设计新颖、内涵丰富的星星酒店和大漠星河旅游度假区。

星星酒店是全国首个以大漠星空为主题的度假酒店，在这里，可以"春看狮子座，夏观银河系，秋寻仙女座，冬追猎户座"，一年四季仰观满天星辰；在这里，隔窗可观沙，推门可见沙，卧榻可观星，伸手可"摘"星，在茫茫大漠欣赏浩渺星空。

大漠星河旅游度假区是专为游客打造的集观光、体验、娱乐、教育、科研、度假、美食、购物等功能于一体的文旅综合体。在这里，游客可观起伏沙丘、赏大漠星辰、品星空晚餐，在一个空旷、安逸的美丽

宿星星酒店，赏大漠星辰

世界，充分享受浪漫的观星之旅。2022年6月，宁夏首家沙漠图书馆在这里揭牌并投入使用，首批上架各类图书近1万册，为游客提供24小时"悦读"体验服务。沙漠图书馆提升了大漠星河旅游度假区的文化品位，为游客感受大漠星空下的中卫"书香"提供了便利。

此外，黄河宿集、金沙海火车主题民宿、黄河小院民宿、黄羊古落民宿、丰安屯"枣"主题民宿等形态多样的民宿，同样让游客融入美景，欣赏星空，感受慢节奏的生活，成为游客旅途中的心灵驿站。

中卫旅游景点分布示意图

沙坡头区

- **沙坡头旅游区**

  国家首批5A级旅游景区，第一个国家级沙漠生态自然保护区，集大漠、黄河、高山、绿洲于一处，既有西北大漠风光之雄奇，又不乏江南水乡之温婉秀丽，被誉为"世界垄断性旅游资源"。在这里，可领略"百米沙坡削如立，碛下鸣钟世传奇"的沙坡鸣钟奇观。

- **高庙景区**

  全国重点文物保护单位。始建于明永乐年间，距今已逾600年。现存建筑系清咸丰年间和20世纪40年代重修、增建。建筑风格以清代古建筑为主体，南低北高，南寺北庙。景区占地6000多平方米，有280多间建筑物，最高处达29米。

- **寺口子风景旅游区**

  古为锁扼固原、平凉、西安等地的咽喉要道，东西两山雄峙，仅通石径。东为天景山，属喀斯特地貌，峡谷怪石，飞流激湍；西为米钵山，属丹霞地貌，自然造化，妙景天成，传说苏武牧羊期间即栖身于此。

图例

- 腾格里沙漠湿地金沙岛旅游区
- 大漠星河旅游度假区
- 星星酒店
- 金沙海景区
- 红太阳广（场）
- 沙坡头
- 沙坡头旅游新镇
- 中卫市
- 沙坡头旅游区
- 北长滩
- 南长滩（宁夏黄河第一渡）
- 寺口子风景旅游（区）

- 中卫市　地级行政中心
- 中宁县　县级行政中心
- 县级界
- 长城
- 高速公路
- 国道
- 省道
- 河流、湖泊
- 黄羊古落　旅游景点

地图标注：
- 黄羊古落
- 石空寺石窟
- 丰安屯旅游度假区
- 鸣沙洲塔
- 中宁县
- 鼓楼、高庙、香山公园
- 玺赞生态枸杞庄园
- 长山头天湖旅游区
- 贺堡百年梨园
- 景区
- 海原县
- 山森林旅游区

中宁县

- **石空寺石窟**

又名双龙山石窟，俗称"石空大佛寺"，开窟造像始于唐代。地处古丝绸之路东段北道上，为重要的驿站和文化、宗教遗存。石窟分布面积约20万平方米，在洞窟形制、寺院建筑风格、佛像雕塑、壁画彩绘等方面与敦煌莫高窟有很多相似之处。

- **玺赞生态枸杞庄园**

为国家枸杞绿色种植标准化示范区、宁夏最大的枸杞标准化种植基地。现拥有万亩标准化枸杞种植基地，21793平方米高品质精细化枸杞加工区，是宁夏枸杞种植规模较大、生产管理先进的枸杞全产业链种植加工基地。

海原县

- **南华山森林风景旅游区**

南华山又名莲花山。这里是一个集黄土、高原、森林、草原、溪水、湿地、奇峰于一体的复合性生态系统。旅游资源丰富，清代"海城八景"中，此山占其三。

民俗风物

"非遗"撷英
中卫特产
风味美食

"非遗"撷英

中卫建筑彩绘

中卫建筑彩绘遍布宁夏各市县以及甘肃、内蒙古等省（区），传统三大官式彩画类型和地方彩画并重，主要活动区域集中在中卫市。

中卫市作为古丝绸之路沿线地区及清代甘、陕地区人口西迁的目的地之一，为建筑彩绘在中卫的形成和发展提供了契机。中卫建筑彩绘始终保持着地方彩绘的优势和特色。明清至今，中卫佛、道两教信众较多，寺庙庵观遍及城乡。中卫建筑彩绘除了承袭传统的彩绘形式、题材和技法之外，还受当地民俗文化氛围的影响，形成了独具特色的寺庙建筑彩绘风格。这些彩画类型及内容对于研究当地的民俗和信仰具有一定的文化价值。

中卫建筑彩绘的传承经历了数代人的努力，上可追溯至清代咸丰年间的彩绘匠人，下至今天的发扬光大者、"非遗"传承人陈进德等人。将历史人物故事、民间传说等通过建筑彩绘的形式展示，能够让人们更加深入了解中华民族的传统美德，为构建和谐社会营造良好的文化氛围。

2021年，中卫建筑彩绘入选第五批国家级非物质文化遗产代表性项目名录扩展项目名录。

中卫建筑彩绘传承人陈进德参加"非遗"活动

中卫建筑彩绘流程示意图

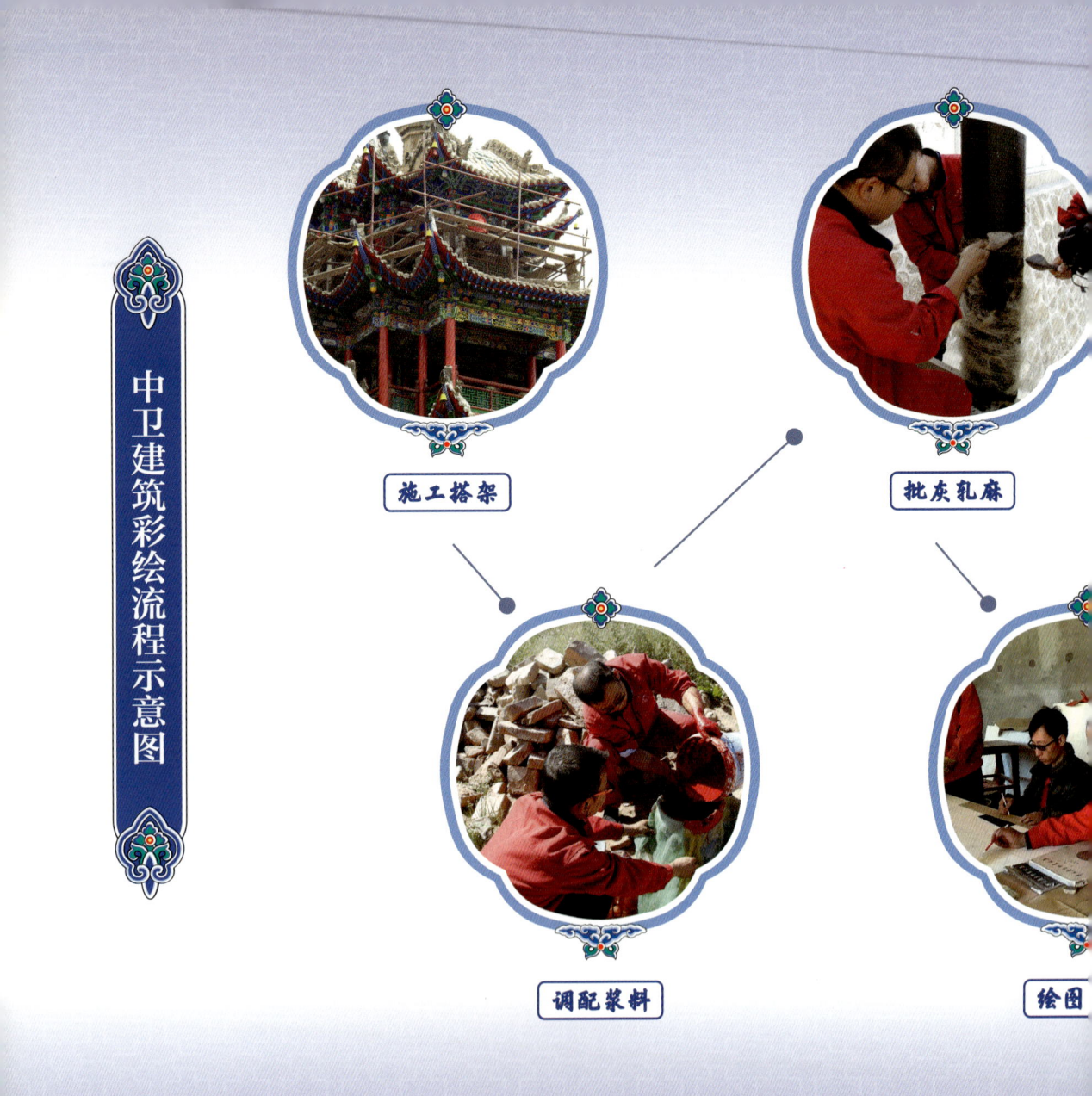

施工搭架

批灰轧麻

调配浆料

绘图

黄羊钱鞭

　　黄羊钱鞭流传于中宁县余丁乡黄羊村，是一种集舞蹈、健身、体育和防身于一体的综合民间艺术表演形式。黄羊钱鞭的基本动作有三种。第一种，第一拍，双手各执一鞭的中部，肘微屈，双鞭竖直于身体前侧，鞭上端与肩平齐；第二拍，左右鞭的下端相撞一下；第三拍，左右鞭的

拍谱子

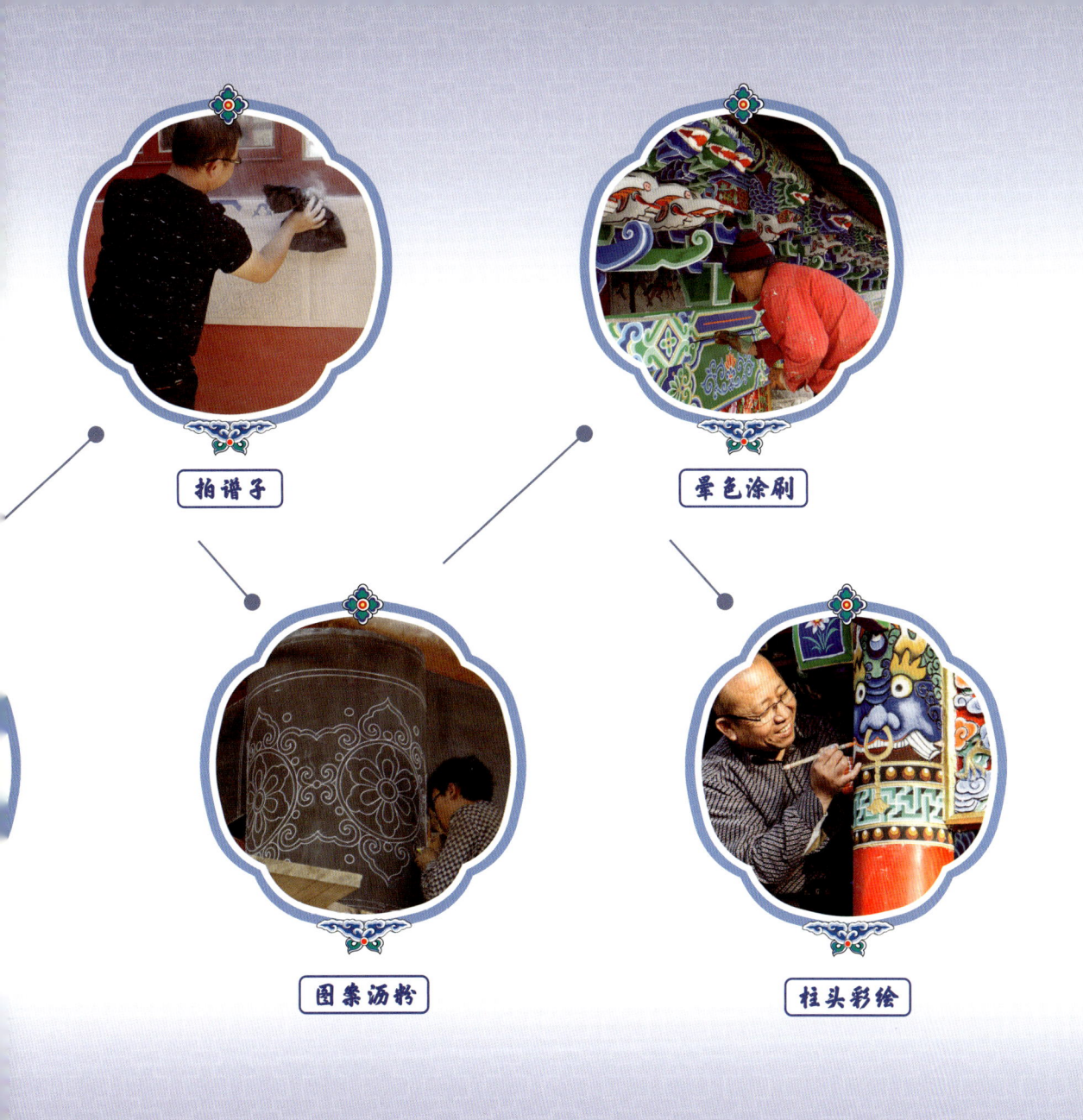

晕色涂刷

图案沥粉

柱头彩绘

上端相撞一下；第四拍，用双鞭上端同时敲同侧肩部后放下双鞭。第二种，前三拍与第一种的前三拍相同，第四拍用右鞭上端敲击右脚脚心。第三种，前三拍与第一种的前三拍相同，第四拍用右鞭上端敲击右脚脚心后，右鞭甩至身体后方敲击左脚脚心。在基本动作的每四拍之内，双脚都要随节拍走出十字步，身体要保持平衡，动作要大方、协调、流畅。

动作欢快流畅、风格粗犷豪放的黄羊钱鞭

近几年,在诸多文化艺人的不断努力下,黄羊钱鞭又融合吴起秧歌与安塞腰鼓的精华动作和现代舞的扭摆动作,套路也发展到现在的"龙门阵""一字长蛇阵""二龙戏珠""剪梅花""四季发财""五福临门""蒜辫子""蛇蜕皮""龙盘柱"等,动作更加欢快流畅,风格更加粗犷豪放。

2021年,黄羊钱鞭入选第五批国家级非物质文化遗产代表性项目名录。

中宁蒿子面制作技艺

蒿子面,也叫蒿子手工长面,以"一清二白、三红四绿、五滑六爽、七香八长、九酸十和"而著称,是中宁的特色食品,已在中宁流

中宁蒿子面制作技艺展示

传了400多年。其主要成分蒿子为野生蒿草的果实，具有健胃清热的功效，据记载，在宋代就已为当地人所食用。北宋文学家曾巩在其《隆平集·西夏传》中写道："其民春食鼓子蔓、碱蓬子；夏食苁蓉苗、小芜（荑）；秋食地黄叶、登厢草；冬则蓄沙葱、野韭、拒霜、灰条子、白蒿、碱松子，以为岁计。"其中的白蒿就是蒿子。

中宁蒿子面名扬宁夏，许多外地客人到中宁都会尝一尝。中宁流传着这样一首歌谣："长脖子雁，扯红线，一扯扯到吴家桥。吴家桥的丫头会擀面，擀的面，薄扇扇；切的面，细线线。下到锅里嘟噜噜转，舀到碗里一根线。爹一碗，妈一碗，情哥没在面咋办？眉头一皱眼一闪，案板底下藏一碗。妈妈急忙到眼前，一掀案板碗打烂，气得妈妈翻白眼。我挨打受气吃黄连，情哥没吃一口面，妹妹心里实难言。"歌谣中的吴家桥是中宁的一个地名。这首歌谣流传久了,便有了"中宁的丫头会擀面"的说法。

蒿子面的制作过程如下：用蒿子磨成的干粉（当地称"蒿面子"）掺以小麦粉或荞麦粉，加一定比例的碱水和面，这样和成的面团色泽黄亮；面团经手工揉匀，擀成圆片，晾干，然后将其切成细长面；面下到锅里，开几个滚，捞出在凉白开中过一下，盛入碗中；碗里再加上用肉、豆腐及时鲜蔬菜等做成的臊子，浇上用香油、葱花、食醋、芹菜等熬制的酸汤，便大功告成。这样的蒿子面吃起来清香四溢、爽滑可口。

蒿子面不但做法讲究，在吃法上也有颇多说道。为老人祝寿时吃的蒿子面称为"长寿面"，寓意为健康长寿；在新婚第二天吃的蒿子面叫"喜面"，寓意为情丝不断；值孩子满月或百天时吃的蒿子面叫"吉利面"，寓意为长命百岁；逢正月初七吃的蒿子面叫"拉魂面"，寓意为幸福长久等。2021年，中宁蒿子面制作技艺入选第五批国家级非物质文化遗产代表性项目名录扩展项目名录。

山花儿

山花儿，也称"花儿"或"西北花儿"，是西北民歌领域的一朵奇葩。山花儿至今已传唱200多年。

山花儿唱词优美，曲调动听，最早主要在宁夏、青海、陕西、甘肃等地传唱。

陇山（六盘山）地区的山野乡村自古流传着一种山歌（也称"徒歌""相合歌""立唱歌"），这种山歌即兴而作，隋唐时期作为"伊凉诸曲"中的"立唱歌"传至中原。山花儿融入了陇山地区古代山歌的特征，成为该地区代代相传、广泛传唱的一个最有代表性的歌种。

西北民歌领域的一朵奇葩——海原山花儿

近代以来，山花儿在海原较为盛行。当地群众在长期的生活、生产劳动中哼唱几句小调，并逐渐吸纳糅入河湟花儿、陕北信天游、小曲子等民歌的音乐风格，形成了具有民族和海原地方特色的山花儿。2007年，山花儿入选宁夏回族自治区第一批自治区级非物质文化遗产代表性项目名录。

羊皮筏子制作技艺

羊皮筏子俗称"排子"，制作时用长短不一的木杆扎成方框，下面绑上羊皮胎，便可在黄河中漂流。皮筏最早见于《后汉书》。唐代李筌所著的兵书《太白阴经》已将浮囊列为济水具，书中记载了匈奴骑兵乘马渡河，步兵腋下夹囊、横渡黄河的情景。宋代《武经总要》记载："浮囊者，以浑脱羊皮，吹气令满，系其空，束于腋下，人浮以渡。"明代文学家李

承载历史记忆的古老运输载体——羊皮筏子

开先在其《塞上曲》中写道:"不用轻帆与短棹,浑脱飞渡只须臾。"

据民间流传,明清时期到中华人民共和国成立前夕,羊皮筏子多用来为把头或商号贩运货物。1950年8月至1953年春,人们多从甘肃的靖远一带贩运冬梨(软梨子),同时在中卫下河沿一带以用羊皮筏子贩运烟煤谋生。20世纪80年代,羊皮筏子开始作为旅游观光项目博得国内外游人的青睐。这一承载历史记忆的古老运输载体,让越来越多的专家学者产生了浓厚兴趣。研究它的兴衰可追溯黄河文明的进程,进而探讨人类生产、生活的历史。而今,羊皮筏子漂流已被打造成黄河漂流项目。

2009年,羊皮筏子制作技艺入选宁夏回族自治区第二批自治区级非物质文化遗产代表性项目名录。

手工地毯制作技艺

西汉时期，手工毯织造技艺从新疆沿丝绸之路传至宁夏等地。由于中卫所产山羊和滩羊的绒毛纤维细软，弹性强，光泽度好，质地优良，是制作高级绒线的佳品，手工毯织造业因此得到了较快发展。到清代中期，中卫既是西北羊毛的集散地之一，又是宁夏手工毯织造的中心。这一时期，中卫地毯织造技艺日趋精湛，风格逐渐成熟，中卫织造的宁夏手工毯甚至成为贡品。

手工羊毛毯的质量和价值是靠工艺道数和构图设计来评定的，道数越高，图案越精致，质量越上乘，价值越高。制作一块精美的手工地毯，需要经过选毛、纺纱、染纱、绘图、上经、拴绞、打底数、结扣、过纬、剪毛、平毯、洗毯、剪花、整修等14道工序。中卫织造的宁夏手工毯编织密度纵向每5厘米就有11到15个结，厚度为5到8毫米，正面密布耸立的毛绒，质地坚韧，弹性良好。宁夏手工毯整体构图讲究对称、协调和平衡，纹饰多采用牡丹、西番莲、茶花、桂花以及龙凤纹、祥云纹、蝙蝠纹、雪山狮纹、彩蝶纹等图案，色彩协调，花纹俏丽。

宁夏手工毯

中卫的宁夏手工毯特别重视配色，能够将几十种色彩和谐地糅合在一起。所用染料皆提取自天然矿物和植物，其中，矿物染料是将红土和各种颜色的矿石磨成粉末溶于水制成的，植物染料是从苏木、黄木、茜萸、栀子、靛草等植物中提取制成的。染色时加入媒染剂，这样染好的毛纱色彩艳丽，不易脱色。

中卫织造的宁夏手工毯体现了代代传承的工匠精神，凝聚着无数手艺人的独特经验和心血。2012 年，手工地毯制作技艺入选宁夏回族自治区第三批自治区级非物质文化遗产代表性项目名录扩展项目名录。2021 年，地毯织造技艺（宁夏手工毯织造技艺）入选第五批国家级非物质文化遗产代表性项目名录扩展项目名录，中卫为该项"非遗"的主要分布区域。

胡湾舞狮

海原县西安镇胡湾村的舞狮始创于民国早期，由潘家第一代独创，至今已传承百年有余。胡湾舞狮常在各处迎神赛会上表演，意在祈求阖家安宁、五谷丰登。舞狮以锣鼓伴奏，狮由人合作扮演，身披金毛，造型酷似真狮，由装扮成武士的主人引领。一对狮子配一只小狮子，小狮子在大狮子间玩耍，尽显天伦之乐。一般两人舞一头大狮子，舞狮者的裤子和鞋上也会装饰上金毛。狮头以戏曲脸谱作参照，色彩艳丽，制作考究，眼帘、嘴都可活动。头上有红结者为雄狮，有绿结者为雌狮。舞狮主要通过扮狮者的扑、跌、翻、滚、跳跃等动作，表现狮子的威猛。

胡湾舞狮分为文狮和武狮，文狮主要表现狮子的静态和性格温柔可爱的一面，如被恐吓时的怕、亲昵时的吻、期待时的盼，以及搔痒、舔毛、伸腰、打滚、掏耳朵、打舒展等，神态细腻逼真，憨态可掬；武

胡湾舞狮集舞狮和武术表演于一体，有很强的观赏性

狮主要表现狮子的动态和性格威猛的一面，通过登山直立、跳、转、腾、扑等动作，尤其是在梅花桩、三狮踩球的表演中，更是匠心独运，惊险刺激。在舞狮过程中，胡湾舞狮又融进潘家内传的小红拳、长刀、流星锤等武术表演，具有很强的观赏性。

隋唐秧歌

隋唐秧歌又叫"跑大场秧歌"，是流传在中宁县鸣沙镇曹桥一带颇具特色的社火形式，属于国内罕见的秧歌品种，其表演形式蕴含了当地农民祛除邪疫、祈保平安的美好愿望。

隋唐秧歌有独特的表演形式。表演者由六男四女组成，另有一支五人的打击乐队。表演者身着古装，分别扮作唐王、娘娘、大臣、宫女、武士等。其中，唐王为秧歌队指挥，他左手擎万民伞，右手拿"虎撑"；大臣手执拨浪鼓和响铃。表演者在铿锵有力的鼓点伴奏下交替走"圆场步"和"便步"，跑出"四门斗地（敌）""十字穿花""羊盘肠""双蒜辫""单蒜辫"等队形。随着队形的变换，不同角色分别展

示其固定的表演动作，如武士多做"赞步云手""扑步拍地"，宫女多做"踏步半蹲"。

2007年，隋唐秧歌入选宁夏回族治区第一批自治区级非物质文化遗产代表性项目名录。

隋唐秧歌

中卫市非物质文化遗产
― 分布示意图 ―

自治区级非物质文化遗产

沙坡头区

- 中卫民间故事
- 中卫道情
- 秦腔
- 舞龙
- 泥塑
- 中卫浮雕
- 剪纸
- 寺观壁画
- 沙石画
- 烙画
- 中卫黄河石鉴赏艺术
- 羊皮筏子制作技艺
- 手工地毯制作技艺
- 肖记水面
- 杜氏擀毡
- 高氏煎脏
- 中卫复刻技艺
- 桂花香扁豆子面制作技艺
- 白酒酿造技艺
- 铁艺制作技艺

中宁县

- 回族民间器乐（咪咪的制作及演奏技艺）
- 舞狮（中宁刘庙狮子）
- 舞狮（张庄舞狮）
- 隋唐秧歌
- 剪纸（中宁剪纸）
- 中宁刺绣
- 枸杞传统栽培技术
- 枸杞膏制作技艺
- 中宁四大碗烹饪技艺
- 枣园清炖土鸡烹饪技艺
- 中宁碾馔子

中宁蒿子面

舞狮

海原县

- 山花儿
- 民间器乐（泥哇呜、口弦）
- 舞狮（海原胡湾狮子）
- 高跷（高崖高跷）
- 皮影
- 打梭
- 方棋
- 曹氏武术
- 剪纸
- 刺绣
- 砖雕（海原砖雕）
- 木雕
- 擀毡
- 二毛皮制作技艺
- 面包羊羔肉烹饪技艺

国家级非物质文化遗产

中卫建筑彩绘

黄羊钱鞭

中宁蒿子面制作技艺

泥哇呜

中卫市

中宁县

枸杞膏

羊皮筏子

黄羊钱鞭

海原县

皮影

砖雕（海原砖雕）

中卫特产

中宁枸杞

中宁有独特的地理环境和气候资源优势，适宜枸杞生长，是世界枸杞的发源地和正宗原产地。中宁枸杞性平、味甘，具有补血安神、养肝明目的功效，是《中华人民共和国药典》收录的唯一药用枸杞资源，素有"天下枸杞出宁夏，中宁枸杞甲天下"的美誉。2017年，中宁枸杞被列为农产品地理标志登记产品。

中宁枸杞由西北地区野生枸杞演化而来，是宁夏独具特色的乡土树种。明成化二十年（1484年），宁安堡参将蔡英主持开发宁安堡新灌区，开挖柳青渠，修建宁安堡城。屯区军民大力发展枸杞生产，此后宁安堡一直是优质枸杞的产地，中宁枸杞还被选为贡品。明末清初，宁安堡出现大量家种枸杞园，人工种植品种逐渐取代了野生品种。清乾隆《中卫县志》记载："枸杞，宁安一带家种杞园，各省入药甘枸杞皆宁产也。"1933年中宁县设置后，人们又将宁安枸杞称为"中宁枸杞"。

中宁枸杞

枸杞生长于海拔 2000～3000 米的河岸、山坡、渠畔、沙砾等土层深厚的棕壤土中，性喜凉爽气候，喜阳、耐旱、耐盐碱。种植后 1～5 年为初果期，5～15 年为盛果期。在长期的枸杞生产实践中，中宁茨农不断总结经验，逐渐掌握了枸杞传统栽培技术。2007 年，枸杞传统栽培技术入选宁夏回族自治区第一批自治区级非物质文化遗产代表性项目名录。

中宁枸杞酒

中宁枸杞酒有两种酿制方式，一种为传统浸泡酒，一种为生物发酵酒。

传统浸泡酒制作方法从古沿袭至今，即在装有白酒的坛子或瓶中泡入适量中宁枸杞鲜果或干果，再加适量甘草和红枣等密封保存。浸

宁夏红枸杞酒生产

泡时间越长，效果越好。这种传统的枸杞酒加工方法如今仍在民间流行。已故成都中医学院（现成都中医药大学）教授、老中医王渭川作有一首《长寿方歌》："杞地人参各五钱，羊藿沙苑牡丹三，一沉远志荔核七，千口一杯饮何欢！"意思是用枸杞、熟地、人参各5钱，羊藿、沙苑蒺藜、牡丹皮各3钱，沉香、远志各1钱，外加荔枝核7枚，用白酒浸泡49天后，作为滋补品，每天少量服用可延年益寿。

中宁枸杞生物发酵酒生产主要经过原料预处置、糖化、酵母活化、醪液发酵、压榨再发酵、陈酿等工艺。2000年，宁夏红枸杞补益品有限公司生产加工中宁枸杞发酵酒60吨，这种发酵酒很快便受到市场欢迎。该项技术于2002年1月4日获得国家发明专利。宁夏红枸杞补益品有限公司先后研发出多款枸杞发酵酒，并参与制定了两项枸杞酒宁夏回族自治区地方标准。

中卫特产分布示意图

南长滩软梨子 · 中卫金丝枣 · 枸杞芽 · 太阳梁乡 · 白马乡 · 舟塔乡枸杞 · 中卫市 · 沙坡头区 · 永康镇 · 中宁县 · 中宁苹果 · 苦荞 · 枸杞茶叶 · 冻兔肉 · 金积黑色发菜 · 宣和蛋鸡 · 苦荞 · 向日葵 · 中卫山羊 · 沙坡头苹果 · 同心圆枣 · 香山乡 · 中卫硒砂瓜 · 喊叫水乡 · 中卫山羊 · 兴仁镇 · 中宁枸杞 · 关桥乡 · 甜杏 · 宁夏红枸杞酒 · 雪花羊肉 · 海原县 · 海城镇 · 海原小茴香 · 辣椒 · 枸杞芽 · 郑旗乡 · 苦荞 · 白豌豆 · 海原马铃薯 · 九彩乡 · 南长滩大枣 · 中卫山羊 · 决明子茶

- ○ 中卫市　地级行政中心
- ◎ 海原县　县级行政中心
- ---------　县级界
- ●　国家地理标志农产品
- 中卫山羊　中卫特产

枸杞膏

枸杞膏，从加工类别上分，有清汁型膏和浊汁型膏；从产品使用方法上分，有内服膏和外用膏。枸杞膏制作技术在中宁民间有广泛的群众基础。

用来制作枸杞膏的枸杞可选成熟的鲜果，也可选干果。制作分为清洗打浆、熬制、晾制和储藏四道工序。干果清洗后需浸泡12小时，确保果肉完全软化后才能打浆。熬制时将果浆放入铁锅，先用大火烧开，接着用中火慢熬一个多小时，最后改用小火继续熬制两个多小时。制作过程中需要掌握好火候，中间要不停地用勺子搅拌，等到枸杞汁呈黏稠状，立即停火出锅，再将其晾制成枸杞膏。枸杞膏装入消过毒的陶罐、瓷罐或玻璃罐中后，放到笼里蒸15分钟再次消毒，这样即使放上一年也不会发霉变质。

相传过去一些有钱人家，在熬制枸杞膏的时候，还会加入鹿茸、麦

枸杞膏

冬等中药材。如今，针对不同人的体质添加甘草、红枣等中药材，配成复方，这样熬制出的枸杞膏不仅有保健功能，还能治病。枸杞膏具有滋肝、补肾、润肺、明目、乌发、固齿等功效，多供老年人或体弱多病者食用。

枸杞芽茶

枸杞树全身皆宝。枸杞叶营养价值丰富，富含甜菜碱、芦丁、多种氨基酸和微量元素，对肝脏内毛细血管中所积存毒素的清理有特殊的作用。常饮枸杞叶茶，可收到养肝明目、软化血管等保健功效。

枸杞芽为枸杞的嫩茎叶，性味苦、凉，具有补虚益精、清热、止渴、祛风、明目的功效。无果枸杞芽茶则为枸杞叶茶中的精品，采自野生枸杞与宁夏枸杞杂交培育出的新树种，这种树不会开花结果，所有营养成分都固积在嫩芽中。科学检测表明，无果枸杞芽富含人体所

枸杞芽茶

需的蛋白质、植物脂肪、粗纤维、碳水化合物、胡萝卜素、维生素 B_1、维生素 B_2、维生素 C 等营养物质近 30 种,有益物质总量超过其自身重量的 80%。无果枸杞芽茶中的多酚类、黄酮类、维生素 E 等多种生物活性物质含量都高于绿茶、枸杞叶和枸杞果,具有明显的抗氧化、清除自由基的功效,长期饮用会提高人体免疫力,降低病毒感染的风险。

中卫硒砂瓜

中卫硒砂瓜是中卫市一张亮丽的"绿色名片",因富含硒元素而得名。中卫市环香山地区山势起伏,沟壑纵横,年平均降水量仅为 200 毫

米左右，属宁夏中部干旱带严重干旱区域。硒砂瓜种植是当地农民创造出的一种旱作种植模式，至今已有数百年的历史。

中卫硒砂瓜呈椭球形，个大皮厚；瓜皮光滑，底色呈黄绿色，其上为清晰的绿色条纹；瓜瓤沙甜脆爽。高海拔（1760米）、干旱少雨、昼夜温差大（16.4℃）等独特的自然地理条件，成就了硒砂瓜的优良品质。中卫硒砂瓜富含葡萄糖、维生素、氨基酸和多种微量元素，特别是其中的硒和锌，更是人体不可或缺的微量元素。

中卫硒砂瓜2003年被认证为国家A级绿色食品，2007年取得国家地理标志产品证书，2008年取得有机产品认证证书。"香山硒砂瓜"被

中卫硒砂瓜

授予中国驰名商标，为2008年第29届北京奥运会和2010年第41届上海世博会指定专供产品，2016年入选全国"一村一品"十大知名品牌，2017年荣获最受消费者喜爱的中国农产品区域公用品牌并取得农产品地理标志证书。

中卫硒砂瓜入选中国农业品牌目录2019农产品区域公用品牌，2020年荣获中国品牌日地理标志产品区域品牌。

沙坡头苹果

中卫沙坡头区作为古丝绸之路要塞及东段北道必经重要驿站，有着悠久的苹果种植历史。史书中苹果被称为"林檎"。沙坡头区地处北纬37°黄金纬度带，靠近沙漠，风大沙多，干旱少雨，兼具典型的温带大陆性季风气候和沙漠气候的特点，日照时间长，昼夜温差大，十分适宜苹果生长。这里出产的苹果绿色天然、糖分充足、口感独特、品质上乘，果实圆润个大，果面平整有光泽，果肉质密、甜脆、多汁，耐贮性好。这里的土壤富含硒，产出的富硒苹果具有抗氧化、抗衰老等保健作用，削皮后久置不发黑。

2019年至今，沙坡头苹果先后在北京世界园艺博览会优质果品大赛、宁夏苹果（果品）大赛、西部果业优质苹果大会上斩获金奖12个、银奖15个、铜奖3个。"沙坡头苹果"品牌荣获2017年最受消费者喜爱的中国农产品区域公用品牌。

苹果产业已经成为沙坡头区的优势主导产业。截至2022年年底，沙坡头区累计发展苹果种植面积16万亩，2022年苹果产量达24万吨，形成了以永康镇、宣和镇扬黄灌区20个村为集中分布区的苹果产业核心区。沙波头区已建成苹果绿色食品生产基地1480亩，

沙坡头富硒苹果

有机苹果基地 2400 亩。沙坡头苹果 2018 年成为国家农产品地理标志保护产品。

海原小茴香

小茴香是海原县区域特色优势作物，核心种植区在西安镇园河村，周围村及相邻乡镇也多有种植。海原小茴香一般在 3 月下旬至 4 月上旬播种，生长期为 140 天。截至 2022 年年底，海原县小茴香种植面积已达 1 万亩，为区内最大的小茴香种植区。小茴香栽培容易，耐旱性强，病虫害较少，投入少，产量高，品质优，无公害，为宁夏的优质农产品，也是国家农产品地理标志保护产品。

小茴香籽具有很高的药用价值和食用价值，既是中药材又是调味品。小茴香香气主要来自茴香脑、茴香醛等香味物质。小茴香味辛、性

温，主要有散寒止痛、和胃理气、温肾暖肝等功效。现代药理研究表明，小茴香还有抗溃疡、镇痛等作用。小茴香苗期嫩枝嫩叶可做菜、做馅食用，味道鲜美。

海原小茴香

海原马铃薯

海原是宁夏重要的种薯、商品薯和优质淀粉生产基地。海原马铃薯品质优良，薯形圆整，薯块大，适口性好，淀粉含量高，为国家农产品地理标志保护产品。

海原马铃薯种植历史悠久，是海原县主要农作物之一。海原县南部及中部为马铃薯主产区。这里的气候特点与马铃薯的生长规律相吻合；土壤以黑垆土为主，富含钾离子，土层深厚，土质疏松，质地均匀，保水、保肥性能好，非常适于马铃薯的生长。优越的自然条件有利于马铃薯淀粉等干物质的累积。

截至 2022 年年底，海原马铃薯种植面积已达 30 万亩，年产鲜薯 60 万吨以上。

处于花期的马铃薯

宣和蛋鸡

宣和蛋鸡是沙坡头区宣和镇的优势特色农产品，饲养密度高、成本低，产蛋率高，产蛋量稳定。

宣和镇是中卫市的农业大镇，素以"宁夏养鸡第一镇"闻名大西北。宣和镇蛋鸡产业规模养殖肇始于20世纪80年代，先后经历了从小规模散养到规模化笼养，再到科学化的园区养殖等发展阶段。经过40多年的培育，宣和蛋鸡养殖规模不断壮大，产业链条不断延伸，形成了较为完善的养鸡产业化体系，实现了产加销一条龙、贸工农一体化的产业化发展格局。截至2022年年底，沙坡头区蛋鸡存栏共170.24万羽，其中数量超万只的48户规模养殖户存栏117.17万羽，约占蛋鸡总存栏的69%。

宣和蛋鸡

风味美食

桂花香扁豆子面

中卫扁豆子面历史悠久，在民间广泛盛行。相传当地有一位勤劳的妇女，家庭生活艰难、经常断粮，为了让家人填饱肚子，她时常将野菜、黄米、扁豆子、高粱等调和在一起做成杂粮饭。经过代代相传，这种杂粮饭便成了今天的"扁豆子面"，如今其制作技艺已成为自治区级非物质文化遗产代表性项目。

桂花香扁豆子面为扁豆子面"非遗"传承人牛桂花创立的品牌，深受当地食客欢迎。

扁豆子面看似简单，但制作工艺烦琐，难度大，要求高，耗时长。精选纯天然、成熟饱满的扁豆子，经过泡、煎、熬等工序，才能熬出香醇浓汤。其中，煎扁豆

桂花香扁豆子面

子耗时长，容易糊锅，对时长、火候、翻炒动作、用水量都有要求，每一步骤都不能出错，稍有差池，扁豆子就无法煎红，轻则影响品质，重则前功尽弃。

肖记水面

肖记水面作为宁夏中卫一带民间的传统面食，有着悠久的历史。其制作考究、面条筋道、汤味浓郁，深受人们喜爱。

肖记水面从和面到切成面条约需四个小时，最关键的传统技法是"压"和"切"。在面粉中掺入土碱水、蒿面子、鸡蛋，和好面，用六种不同规格的柳木杠子，一杠一杠压，柳木杠子越换越细，面团也越压越薄，最后压成面片，切细下锅。出锅的面条筋道爽滑，放入鸡汤中，则清香鲜美，妙不可言。配面条的鸡汤需熬制三个小时，这

制作肖记水面时，要先后用六种不同规格的柳木杠子把和好的面团逐渐压成面片

样熬出的汤搭配肖记水面才更美味。"碗中天地宽，面里扭乾坤。"肖记水面是自治区级非物质文化遗产代表性项目。

枣园清炖土鸡

枣园清炖土鸡烹饪技艺已经传承了200多年，其选材十分严格，主要有生长15个月左右的母鸡、宁南西吉县生产的土豆粉条、中卫沙坡头区手工水洗的面筋、中宁产的枸杞，以及生姜、葱、蒜苗、香菜等其他辅料。

为保证特色品质，枣园清炖土鸡在制作时，除必需的食材和调料外，不放任何添加剂。枣园清炖土鸡鸡肉酥烂脱骨，口感筋道，不油腻，汤清色正，味道鲜美，营养价值高，深受食客喜爱。

枣园清炖土鸡

枣园清炖土鸡以前只出现在逢年过节时的家宴上,后来才面向社会大众供应。

海原面包羊羔肉

海原面包羊羔肉烹饪技艺是自治区级非物质文化遗产代表性项目。羊羔肉高蛋白、低脂肪,是一种营养健康食品。《本草纲目》记载,羊肉有补元气、健脾胃、益腰肾的功效。

海原北山一带土壤碱性较大,因此当地的草和水也为碱性。羊以此种水和草为食,所以肉质鲜嫩,膻味小。面包羊羔肉制作技艺历史久远,相传明代就已传入宫廷。一般选出生40天左右、体重15斤到18斤、尚未吃过青草的海原北山羊羔来制作面包羊羔肉。制作时先将羊羔肉剁

海原面包羊羔肉

成 5 厘米大小的方块，然后放到水里泡 5 个小时捞出备用；往锅中倒入当地产胡麻油，待油温七成热时放入羊羔肉翻炒，加入当地产的茴香、红葱，再配上生姜、干辣椒等调料，将羊羔肉炒至五成熟，出锅装盘；用老酵发面做面饼，将面饼擀成合适大小，放到装有五成熟羊羔肉的盘子上面，将羊羔肉盖严实，再上锅蒸 40 分钟即成。用面饼盖住羊羔肉主要是为防止羊羔肉的香味及营养随蒸汽流失。这样做出来的面包羊羔肉肉质鲜嫩，没有膻味，美味可口。

中卫高氏煎脏

煎脏是中卫特色美食，高春华为高氏煎脏传承人。他祖居中卫城，手艺继承自其外祖父倪广玉的家族。倪氏家族几辈人原以屠宰业谋生，后一人尝试用新鲜猪血与糯米按比例拌和后蒸煮成食品在市面上售卖，并为这种自制食品取名"煎脏"，寓意为猪之精华尽藏纳于此食品之中。百余年来，煎脏深受中卫群众喜爱。

煎脏的主要成分为糯米和猪血，这两种普通食材均为就地取材，前者取材于卫宁平原出产的糯米，后者必须是新鲜、无污染、未凝固的猪血。糯米和猪血组合创制的煎脏，藏纳了糯米和猪血的营养精华，具有滋补保健功效。

煎脏不仅用料讲究，而且制作精细。制作过程具体如下：锅中放水，大火烧开，将淘洗干净、泡醒的糯米下锅煮 10 分钟，捞出后拌入新鲜猪血、调料粉、食盐调匀，装筐上笼再蒸 3 小时，制成煎脏。煎脏下笼后压实晾凉，用刀切成约 1 厘米厚、15 厘米宽、18 厘米长的薄长方块，冷藏备用。食用时取出，将煎脏放入平底铁锅，用锅铲随意切成小块煎烤，再根据火候加入适量高汤使其充分入味，并防止将煎脏煎

美味煎脏

焦。同时，在煎脏块上放上事先卤制好的肥瘦相间的猪头肉，二者一同煎炒，待充分入味后，加入葱、姜、蒜等再次提味，短时翻炒，起锅装盘，一盘美味的煎脏就呈现在食客面前。

精心煎炒后的煎脏，肉香四溢，风味独特，令人垂涎。糯米与猪血一起融合成的煎脏口感松软又不失筋道，同时尽收卤肉的独特味道，让人感觉分明是在吃一种独特的"肉"；与之同煎炒的卤肉也因煎脏分担了油腻，自身又吸纳了煎脏的糯香，食之香而不腻，成为更加独特的"卤肉"。煎脏最经典的吃法是佐以温热的自酿黄酒，一口煎脏，一口黄酒，食客可尽享这一宁夏特色食品之美妙。

烩小吃

烩小吃又称"素杂烩"，是中卫的传统风味小吃，也是中卫小吃界的招牌菜，深受食客喜爱。当地人不论办红白喜事、过重要节日，还是招待贵宾，都会做烩小吃。大到酒店宾馆，小到街边餐馆，都把烩小吃列入菜单。烩小吃既是普通百姓饮食生活的缩影，也是中卫人餐饮技艺的真实展现，体现了中卫本土饮食文化的深厚积淀。

中卫烩小吃配料多样，制作精细，营养丰富，汤鲜味美。烩小吃的制作关键在于炸夹板。制作夹板时，先在面粉中打入鸡蛋，加少许水和成面团，把面团擀成两张面皮；再将肉（肥三瘦七）剁成馅，打入鸡蛋，加盐、胡椒粉、五香粉、料酒、味精拌匀，加少许淀粉，搅打上劲；将一张面皮平铺在案板上，把调制好的肉馅平铺在面皮上，取另一张面皮盖在上面，再拿擀面杖压平，切成三厘米大小的菱形块；锅内放油，置于火上，待油至五成热，把切好的菱形块放入油锅，翻炸至金黄色，夹板便做好了。

烩小吃的其他配料主要有手工面筋、平菇、炸豆腐丝、油炸土豆片、西红柿、木耳、菠菜、油粉面。夹板炸好后，锅里倒入高汤，下入夹板、准备好的配菜，再加入盐、味精、胡椒粉调咸调鲜，煮沸。出锅后，汤碗里再撒入香菜、葱花，滴入香油，一碗美味的烩小吃便做好了。

中卫烩小吃

鸡蛋泡子

鸡蛋泡子历史悠久,是中卫人非常喜爱的风味小吃,也是非常具有西北地区特色的美食。

鸡蛋泡子是一种将油饼油条类美食改良后做成的特色美食,虽然是油炸食品,但吸油很少,且营养丰富。做鸡蛋泡子时,先取一个盆,盆里打入两个鸡蛋,放入些许酵母粉,然后用筷子把酵母搅化,再把面粉放入盆中,加入适量清水,撒上火腿肠丁和胡萝卜丁,放少许盐和五香粉,用筷子搅拌均匀,再用小勺一勺勺舀出,缓慢下入烧热的油锅中,待其炸至金黄色捞出。鸡蛋泡子刚出锅时外皮酥脆,内里松软;放置一段时间后则变得筋道,会越嚼越香。

鸡蛋泡子经当地百姓的口口相传,逐渐走出中卫,获得外地食客的喜爱,成为中卫独特的美食名片。

鸡蛋泡子

发展成就

综合实力显著提高
生态建设卓有成效
经济发展谱写辉煌
民生福祉持续增进
基层治理铸就平安

综合实力显著提高

2022年，中卫市
- 规模以上工业增加值同比 ↑9.1%
- 新材料产业产值 150亿元
- 新能源装机总量突破 1000万千瓦
- 制造业、战略性新兴产业占规模以上工业增加值比重分别达 65.4% 和 21.6%
- 全社会能源消费量 ↓5%
- 单位GDP能耗 ↓4.5%

党的十八大以来，中卫市着力推动一二三产业扩规增量、提质增效。2022年，全市实现GDP 563.89亿元，同比增长3.8%，高于全国增速0.8个百分点；全市数字信息产业总产值达102.5亿元，其中，云计算和大数据产业营收43.7亿元，同比增长62%，电子信息行业产值60.57亿元，同比增长63%；突出创新驱动发展，新增国家高新技术企业15家、自治区科技"小巨人"和农高企14家、科技创新平台18个。

2019年，中卫市沙坡头区成功创建国家级全域旅游示范区，"'点亮'大漠星空·打造'星星的故乡'"文旅IP入选全国文化旅游领域改革创新优秀案例。2022年，改革开放深入推进，"六权"改革全面部署、持续推进、取得实效，"放管服"改革纵深推进，101项审批事项"零材料"办理，85项事项"一证（照）通办"，162项高频事项"跨省（域）通办"，农村"房地一体"确权登记等经验在全国推广。

2022年，中卫旅游业

接待游客
890万人次

实现旅游总收入
53亿元

美丽中卫

生态建设卓有成效

近年来,中卫市坚定不移走生态优先、绿色发展之路。按照生态立市战略的要求,构建绿色生态屏障,坚决打赢打好"蓝天、碧水、净土"三大保卫战,使绿色成为中卫高质量发展的鲜明底色。

2018—2022年,中卫市空气质量平均优良天数比例达到84.5%,黄河中卫段总体水质稳定达到Ⅲ类优,地表

三大保卫战:蓝天 碧水 净土

水劣Ⅴ类水体清零。2022年，全市农村生活污水处理率达到32.5%。截至2022年，林地面积为16.05万公顷，森林覆盖率达9.01%，草地面积为68.35万公顷，草原综合植被盖度为57.37%，湿地面积为0.58万公顷。

这些成果是中卫写好绿色文章、擘画生态文明建设的锦绣答卷，是中卫市厚植生态底色、紧抓生态文明建设生动实践的证明，更是全市人民追求人与自然和谐共生的结果。

2018—2022年，中卫空气质量
平均优良天数比例 84.5%
PM_{10} 平均浓度 64.2μg/m³
$PM_{2.5}$ 平均浓度 29.4μg/m³

沙坡头区黄河两岸绿意盎然

经济发展谱写辉煌

经济发展从低到高开新局。2022年，中卫市实现GDP 563.89亿元，为改革开放初期的451倍。按常住人口计算，人均GDP达52323元；全市居民人均可支配收入达20413元。

云天中卫从无到有通天际。2013年，中卫云计算和大数据产业开始起步。截至2022年年底，相继获批了国家（中卫）新型互联网交换中心、全国一体化算力网络国家枢纽节点，中卫成为全国首个双节点城市。国家（中卫）数据中心集群加快建设，截至2023年年底，累计安装标准机架6.7万个，国家（中卫）新型互联网交换中心高效运营，接入互联网企业20余家，智慧政务、智慧环保、智慧应急等智慧化应用初步建成；国内首家商业卫星测控指挥中心已建成投运，累计服务333颗卫星/火箭，全球首个遥感卫星定标场已提供248次卫星定标服务。

工业发展从弱到强走"新"路。改革开放以来，中卫工业经济的成长一目了然。中卫六个特色产业园先后建成。近些年来，随着紫光、瑞泰、隆基、宁创、巨科、今飞等一批国内知名企业或落户中卫，或扩大规模，中卫已经形成了化工新材料、晶硅新材料、钢铁冶金、锰基、铝基、电池及储能材料共同发展的新型材料产业集群化发展格局，企业间上下游配套、产业链互补、耦合循环发展水平明显提升。伴随着"新"的比重越来越大，以及强有力的"淘汰落后产能、加快传统产业优化升级"举措的施行，全市工业能源消费结构明显优化。

2022年，中卫

- 农林牧渔业增加值 **82.75亿元**
- 工业增加值 **228.91亿元**
- 服务业增加值 **221.19亿元**

中卫六个特色产业园：
- 中卫工业园区
- 镇罗金鑫园
- 常乐陶瓷园
- 宁夏红科技园
- 海原新区产业功能区
- 中宁工业园区

交通运输从点到网加速度。至 2022 年年底，中卫建成了公路、铁路、航空三位一体，联通东西、贯通南北、四通八达的立体化交通运输体系，实现了县县通高速、村村通硬化路。西部陆海新通道宁夏首发班列开行，常态化开行中欧、中亚国际班列；中卫至银川城际铁路开通运营，中卫至西安、中卫至兰州高速铁路通车，融入全国高铁网，中卫人民圆了"高铁梦"。海原县两条高速路建成通车。中卫交通运输优势开始转化为物流经济发展优势。

中卫 66 号公路

民生福祉持续增进

2018—2022 年，中卫市
财政民生累计支出
754.92 亿元
年均增长
4.5%

截至 2022 年年底，中卫
学前教育三年毛入园率 **93.46%**
小学适龄儿童入学率 **100%**
九年义务教育巩固率 **100%**
高中阶段毛入学率 **94.30%**

近五年来，中卫市立足新发展阶段，完整、准确、全面贯彻新发展理念，融入新发展格局，以实干展现新作为，靠实干交出新答卷，各项建设迈上新台阶、呈现新气象，人民群众获得感、幸福感明显增强。

中卫市持续加大教育投入，办学条件和教育水平实现了质的飞跃。中卫市所辖县（区）全部通过国家义务教育基本均衡发展评估认定。截至 2022 年年底，全市共有各类幼儿园 186 所，"入园难"问题已基本解决。共有职业技术学校 3 所，开设专业 46 个，服务地方经济社会发展的能力不断增强。建成宁夏大学中卫校区，填补了中卫高等教育的空白。"互联网＋教育"实现全覆盖。维修校舍

海原关桥太阳能发电扶贫工程

41.4 万平方米，改造运动场 32 个，新改扩建中小学、幼儿园 103 所，"大班额""大校额"问题得到有效解决。

2022 年，中卫新建和改扩建市县级医院 11 所、乡镇卫生院 5 所、村卫生室 62 所，完成市人民医院扩建、市中医医院迁建、市妇幼保健院新建等工程，"互联网＋预防接种"和智能家庭医生签约服务在全区领先。中卫荣获"国家卫生城市""全国无偿献血先进市"称号，入选公立医院综合改革国家级示范城市。

坚持精准扶贫、精准脱贫基本方略，以"四查四补"为抓手，"两不愁三保障"全面实现，15.3 万农村贫困人口全部脱贫，194 个贫困村全部出列。海原县脱贫摘帽，消除了绝对贫困和区域性整体贫困。脱贫人口人均纯收入增长 3.4 倍。海原县荣获"全国脱贫攻坚先进集体"称号。

国家卫生城市

全国无偿献血先进市

四查四补：查损补失、查漏补缺、查短补齐、查弱补强

全国扶贫典型案例：
"基础母牛＋银行"扶贫模式

社保覆盖面持续扩大，投入37.1亿元解决了7.4万名被征地农民和特岗教师养老保险遗留问题，让人民群众实实在在享受到了改革发展成果。截至2022年年末，全市参加城镇职工基本养老保险30.58万人，比上年年末增加2.43万人。参加城乡居民基本养老保险47.8万人，比上年年末减少3448人。参加基本医疗保险111.6万人，

同比减少 1.11 万人。全市共有 15290 人享受城市最低生活保障，累计发放保障金 4.22 亿元。72066 人享受农村最低生活保障，累计发放保障金 12.37 亿元，全市共有 1863 人享受特困人员救助供养，累计临时救助 19.89 万人次。全年抚恤、补助退役军人和其他优抚对象 3885 人。城乡建立各类社区服务站 511 个。

中卫一中校园装点了中卫的美丽

基层治理铸就平安

近年来,中卫市坚持党建引领,建立市、县、乡、社区四级党组织责任联动、组织联动、制度联动,驻区单位和社区党组织组织共建、活动共联、资源共享的"三联三共"和农村"村党组织—网格党小组—党员联系户"工作机制,党建引领基层治理链条不断完善,自治、德治、法治相融合的治理体系更加健全。

创新机制化解了矛盾纠纷。以互联网思维整合矛盾纠纷化解资源,发挥仲裁"一裁终局"的优势,将"仲裁"融入基层社会治理中;整合人民调解、信访和仲裁的职能

截至2022年年底,中卫有党的基层组织1902个,先后涌现出国家级先进集体200余个。

优势，推行"人民调解＋仲裁＋信访"纠纷治理模式，以"零收费"、高标准、方便快捷的法律服务，为基层群众办实事、解烦忧，切实将矛盾纠纷化解在基层。中卫市道路交通事故损害赔偿人民调解委员会荣获2020年"全国模范人民调解委员会"称号；"人民调解＋仲裁＋信访"纠纷治理模式获评第六届社会治理创新博鳌论坛"2020年社会治理创新典范"，并被评为2021年自治区法治政府建设示范项目；中卫市劳动人事争议人民调解委员会作为"2021年度工作突出基层劳动人事争议调解组织"，被人力资源社会保障部办公厅等四部门通报表扬。

严打整治维护了一方平安。改革开放以来，相继开

矛盾纠纷治理新模式：
一站式接待、
一条龙服务、
一揽子解决

中卫印象

展了"八三严打""打黑除恶""雷霆""亮剑"等一系列专项行动,及时侦破了社会影响大的"5·23""9·11"命案及公安部、国家烟草专卖局挂牌督办的"1·06"全国特大销售运输假烟网络案等一批影响极大、危害严重的大案要案。特别是2018年以来,部署开展了扫黑除恶专项斗争,打掉涉黑涉恶犯罪组织20个,抓获犯罪嫌疑人281人,处置涉案资产约8.35亿元,有效净化

中卫美食街上，人们在享受着安宁美好的假日生活

了社会环境。

立体防控夯实了基层基础。以构建立体化社会治安防控体系为抓手，开展了以公共视频监控联网应用为核心内容的智能图控系统、智能交通系统项目建设，构建了专群结合、人防物防技防结合、点线面结合的立体化社会治安防控体系，两县一区多次被自治区命名为"平安县（区）"，公众安全感测评在全区名列前茅。

立体化社会治安防控体系：专群结合、人防物防技防结合、点线面结合

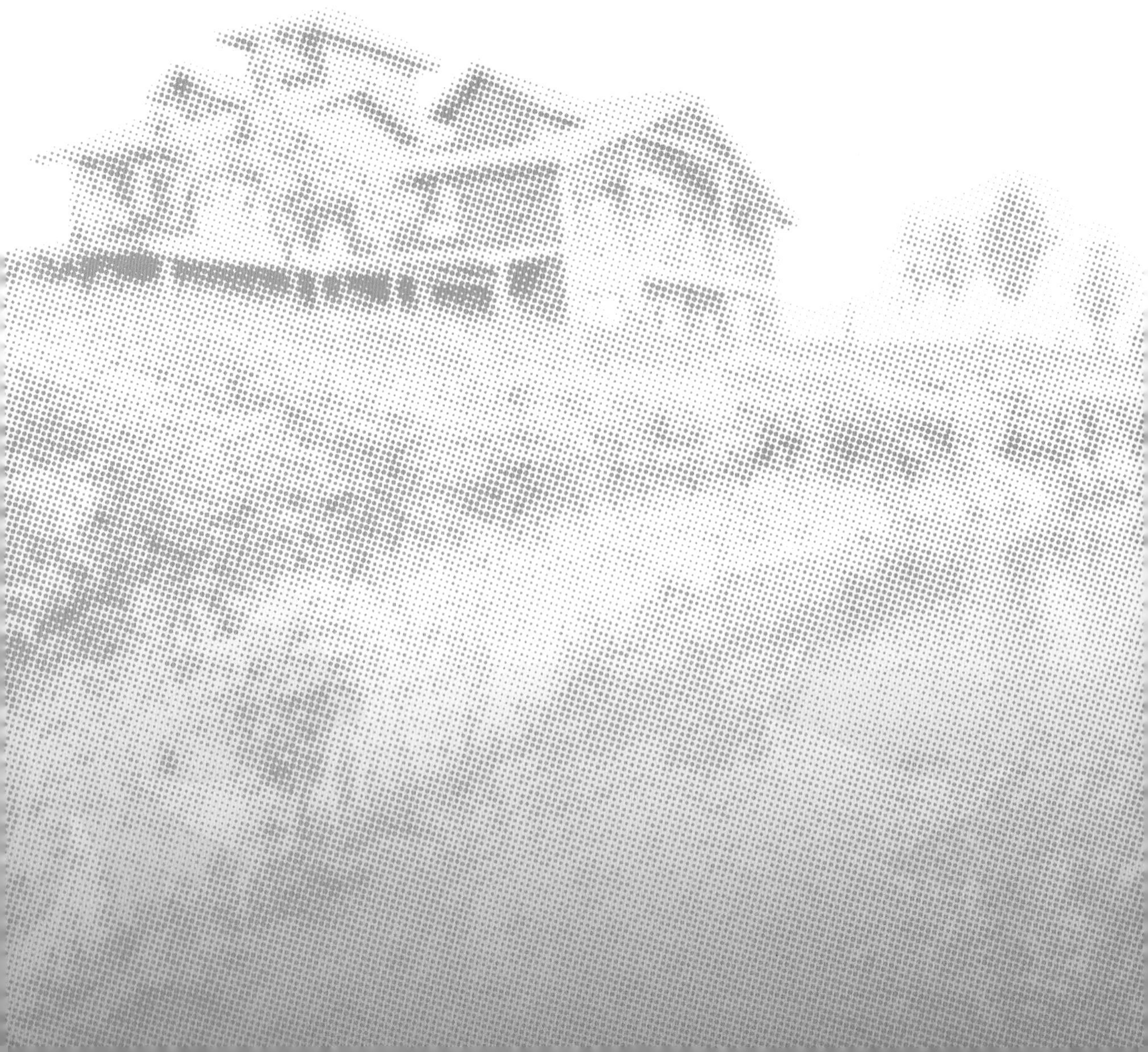

"十四五"愿景蓝图

总体要求
预期目标
重点任务

三区建设

- 加快建设黄河流域生态保护和高质量发展先行区
- 加快建设乡村振兴样板区
- 加快建设铸牢中华民族共同体意识示范区

总体要求

坚持以习近平新时代中国特色社会主义思想为指导，全面学习宣传贯彻党的二十大精神，深入学习贯彻习近平总书记视察宁夏重要讲话指示批示精神，全面落实党中央重大决策部署和宁夏回族自治区第十三次党代会、中卫市第五次党代会精神，弘扬伟大建党精神，坚定不移全面从严治党，坚持稳中求进工作总基调，完整、准确、全面贯彻新

发展理念，主动融入和服务新发展格局，以黄河流域生态保护和高质量发展先行区建设为牵引，统筹发展和安全，紧扣"三区建设""四新任务""五大战略"，扎实推进大数据产业中心市和产业升级示范市、铸牢中华民族共同体意识示范市、生态环境保护示范市、宜居宜业宜游示范市、乡村全面振兴示范市建设，大力实施产业兴市、乡村振兴、创新强市、生态立市、惠民富市、文化活市、依法治市战略，奋力谱写全面建设社会主义现代化美丽新宁夏中卫篇章。

四新任务
- 开创经济繁荣新局面
- 续写民族团结新篇章
- 绘就环境优美新画卷
- 创造人民富裕新生活

五大战略
- 创新驱动战略
- 产业振兴战略
- 生态优先战略
- 依法治区战略
- 共同富裕战略

中卫卫民黄河大桥远景图

预期目标

一是经济综合实力显著增强。 经济保持量的合理增长和质的稳步提升，GDP 年均增速 7% 左右。现代服务业加速发展，工业转型升级步伐加快，农业质量效益显著提升，经济结构持续优化，服务业增加值占 GDP 比重达到 50%。创新能力明显增强，产业高端化、绿色化、智能化、融合化进程加快，实体经济、科技创新、现代金融、人力资源协同发展的现代产业体系基本建立。

GDP 年均增速 7% 左右，服务业增加值占 GDP 比重达到 50%

沙漠水城

二是生态环境质量明显改善。 生态系统建设取得显著成效，绿色生产生活方式加快形成，现代化防洪减灾体系、生态保护体系、污染治理体系、水源涵养体系、资源利用体系、绿色发展体系基本形成，单位 GDP 用水量、煤炭消耗、电力消耗、建设用地面积等指标持续优化，土壤污染风险有效防控，生态环境质量明显改善，生态安全屏障更加牢固，城乡人居环境明显改观。

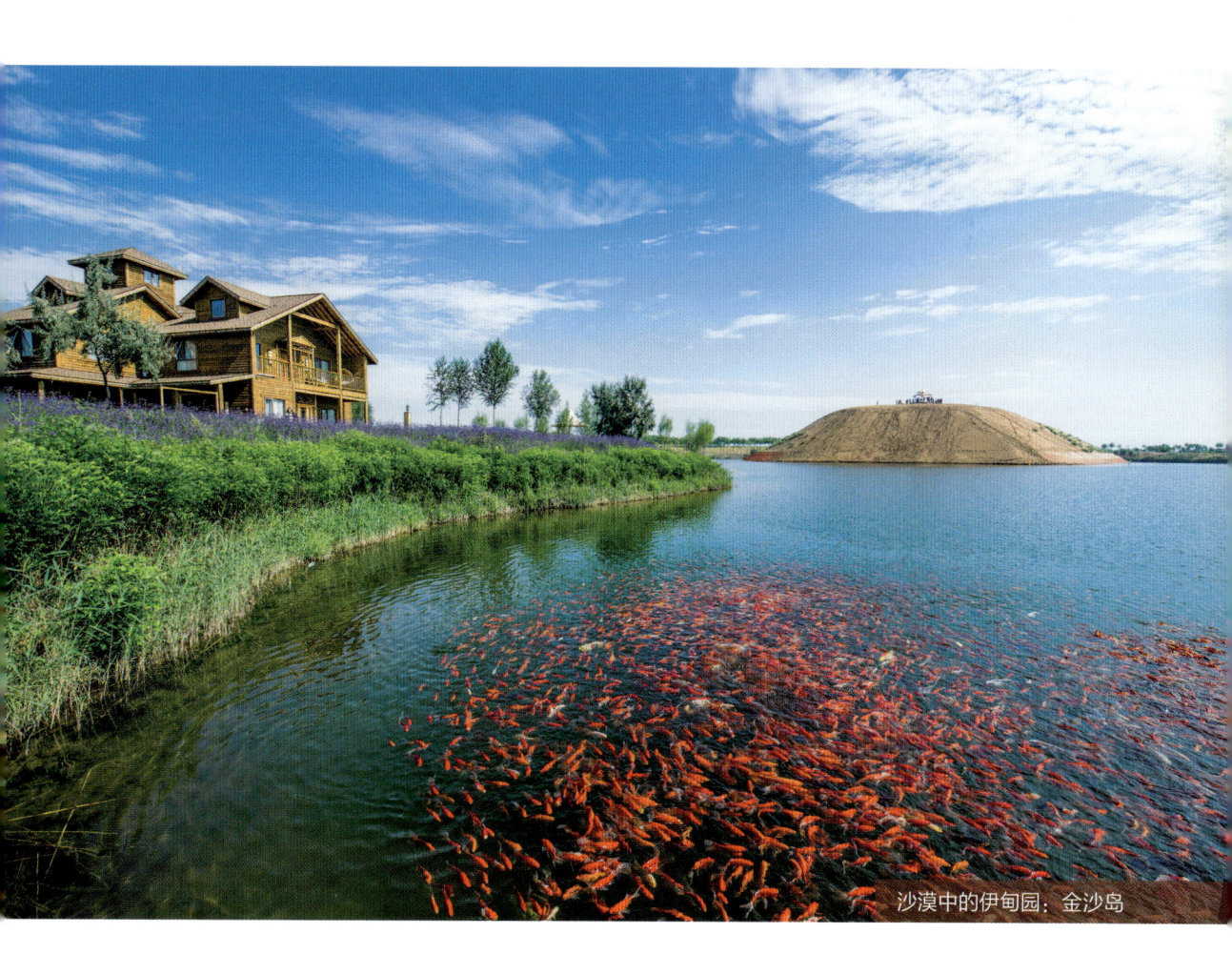

沙漠中的伊甸园：金沙岛

三是改革开放迈出新步伐。重点领域和关键环节的改革不断深化，市场主体充满活力，市场配置资源能力进一步增强，市场体系更加健全。开放通道支撑体系更加完善，开放平台影响力持续增强，开放型经济加快发展，对外贸易总量和增速高于全区平均水平，对外开放的质量和水平不断提高。

四是乡村振兴和城乡一体化发展取得新进展。巩固拓展脱贫攻坚成果同乡村振兴有效衔接，以工补农、以城带乡、工农互促、城乡互补、协调发展、共同繁荣的新型工农

> **新型工农城乡关系**
>
> 以工补农　以城带乡
> 工农互促　城乡互补
> 协调发展　共同繁荣

城乡关系初步建立，农业农村现代化进程加快。以人为核心的新型城镇化加快发展，城乡要素自由流动、平等交换，公共资源配置更加合理，实现城市与乡村和谐共生、融合发展、共同繁荣，美丽家园的宜居包容共享特征更加明显。

五是人民生活品质大幅提升。 就业更加充分稳定，城镇调查失业率控制在 5.5% 以内，居民人均可支配收入稳步增长。文明创建活动深入开展，文化和精神文明建设取得新进展。教育现代化取得重要进展，健康中卫建设全面推进，人均民生投入、基本公共服务水平持续提升。

城镇调查失业率
＜5.5%

中宁县宽口井移民新村

重点任务

1 一集群	全国一流绿色数据中心集群
3 三基地	国家"东数西算"示范基地 信息技术应用创新基地 国家级数据供应链培育基地

一是着力建设大数据产业中心市和产业升级示范市。大力实施创新强市、产业兴市战略，推动产业向高端化、绿色化、智能化、融合化方向发展。扎实开展云计算和大数据产业提质增效行动，大力发展云计算、云服务、云应用产业，加快推进中国广电、中交建等数据中心建设，纵深推进西部数据云基地扩规增容，着力建设"一集群""三基地"，高标准建设大数据产业中心市。培育枸杞、牛奶、肉牛（羊）、果蔬四个舌尖上的百亿级产业集群，擦亮中宁枸杞之乡、黄金奶源之乡、高端肉牛之乡品牌。培育化

宁夏中关村西部云基地

工新材料、晶硅新材料、钢铁冶金、锰基、铝基、电池及储能材料六个百亿级产业集群，全力推动中卫工业园区、中宁工业园区一体化发展，努力打造千亿级卫宁高新技术产业示范园。全力推动黑山峡河段开发、"宁电入湘"、沙漠光伏基地、协鑫5GW颗粒硅N型单晶示范等项目建设，着力打造源网荷储一体化、风光水储一体化能源基地。大力推进宝中铁路中卫至平凉段扩能改造、海原至平川高速、沙坡头机场二期、迎水桥保税物流中心等项目建设，常态化开行运营中欧班列、西部陆海新通道宁夏班列，全力推动"一带一路"粮食储加销基地、中卫热电铁路专用线等项目建设，打造丝绸之路现代物流桥头堡。

培育 6 个百亿级产业集群

化工新材料
晶硅新材料
钢铁冶金
锰基
铝基
电池及储能材料

枸杞园

二是着力建设铸牢中华民族共同体意识示范市。 中卫是少数民族聚居区，少数民族人口占总人口的 37.7%。中卫将坚持以铸牢中华民族共同体意识为主线，按照"5585"模式，持续巩固民族团结进步示范创建成果，高效落实中华民族共同体意识示范市建设各项任务，推动新时代中卫民族工作高质量发展。

"5585" 模式

5 聚焦五大目标：中华民族共同体意识显著增强、推进现代化建设取得显著成效、各民族交往交流交融显著拓展、治理能力和治理水平显著提升、示范创建质量和水平显著提高

5 实施五大工程：党员干部培元固本、青少年学生夯基育苗、各族群众凝心聚魂、社科理论正本清源、中华民族共有精神家园建设

8 开展八大行动：各民族交往交流交融促进、创建工作提质增效、建设先行区促进共同富裕、公共服务保障能力和水平提升、法治保障同权、民族事务依法治理、民族领域风险隐患防范化解、民族工作夯基培才

5 健全五项机制：组织领导、考核评价、督促检查、协调联动、激励促进

三是着力建设生态环境保护示范市。 中卫地处宁、甘、内蒙古三省（区）交会处，南边是宁夏中西部干旱带，西北部为腾格里沙漠，母亲河黄河穿境而过（中卫段黄河流程占全区黄河流程的45.8%），是宁夏乃至西北地区重要的生态安全屏障。中卫将认真学习贯彻习近平生态文明思想，树牢"绿水青山就是金山银山"的发展理念，大力实施生态立市战略，扎实开展生态建设行动，科学划定和落实"三区三线"，探索走出一条生态产业化、产业生态化的绿色发展之路。

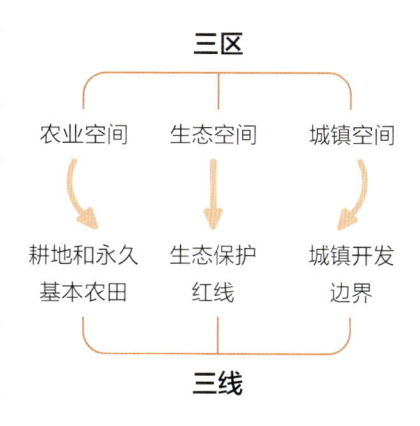

三区
农业空间　生态空间　城镇空间
耕地和永久基本农田　生态保护红线　城镇开发边界
三线

湿地水鸟

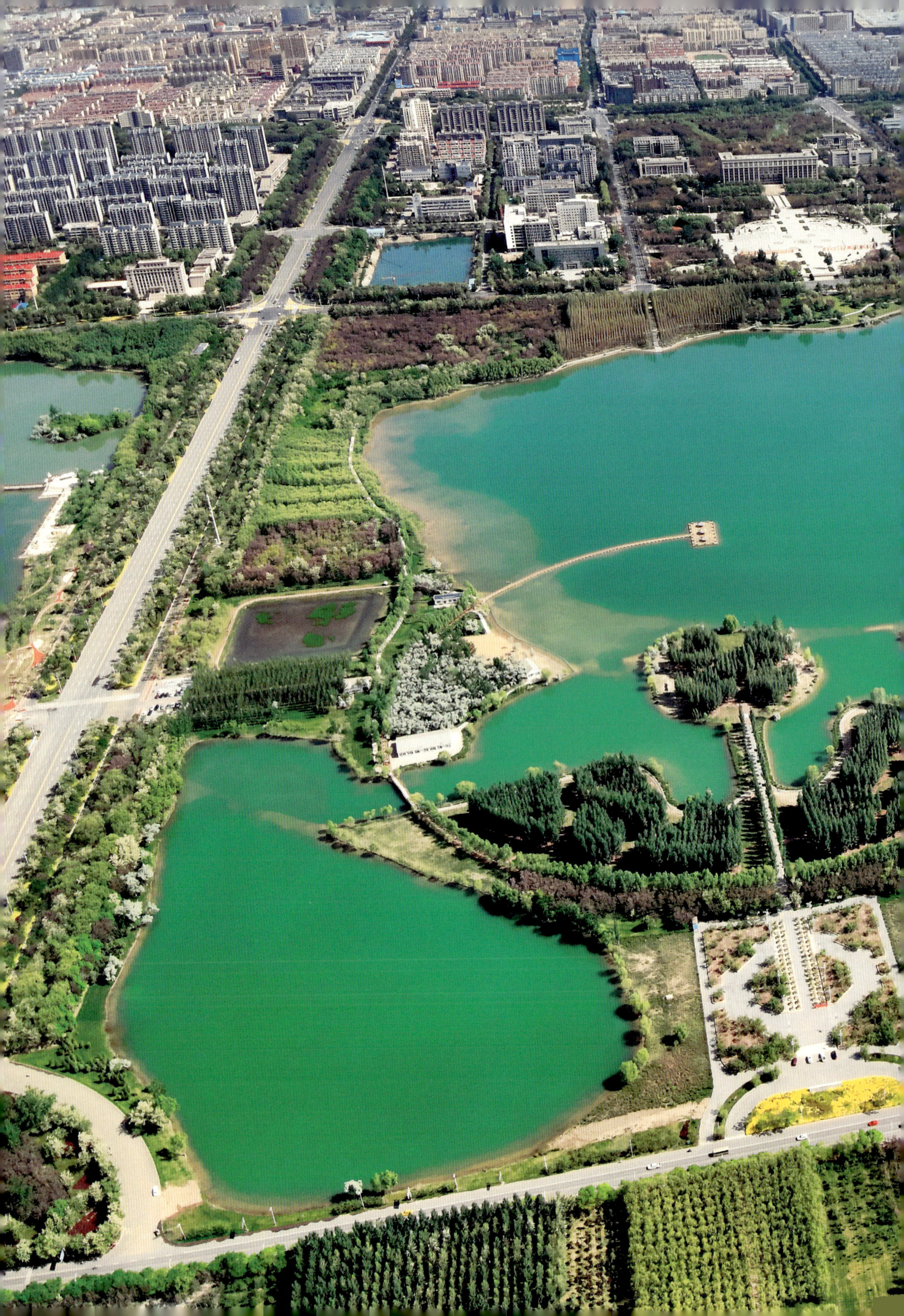

沙漠水城香山湖之夏

四是着力建设宜居宜业宜游示范市。中卫气候宜人，处处皆景，是国家园林城市、国家卫生城市，是中国最适宜居住、创业、游玩的城市之一。中卫将以创建全国文明城市、全域旅游示范市为统领，做足"旅游+"文章，建好"沙漠大客厅"，做靓"星星的故乡"品牌，扎实推进黄河、长城、长征国家文化公园建设，持续推进"六大提升行动"，全力推动产城融合、城乡互

动、协调共生，努力将中卫打造成宜居宜业宜游的幸福家园。

五是着力建设乡村全面振兴示范市。中卫将聚焦"产业兴旺、生态宜居、乡风文明、治理有效、生活富裕"总要求，大力实施乡村振兴战略，实施好乡村振兴"十大工程"，推动乡村"五大振兴"，不断缩小城乡间、县区间、山川间差距，努力实现共同富裕目标。

乡村"五大振兴"

产业、人才、文化、生态、组织

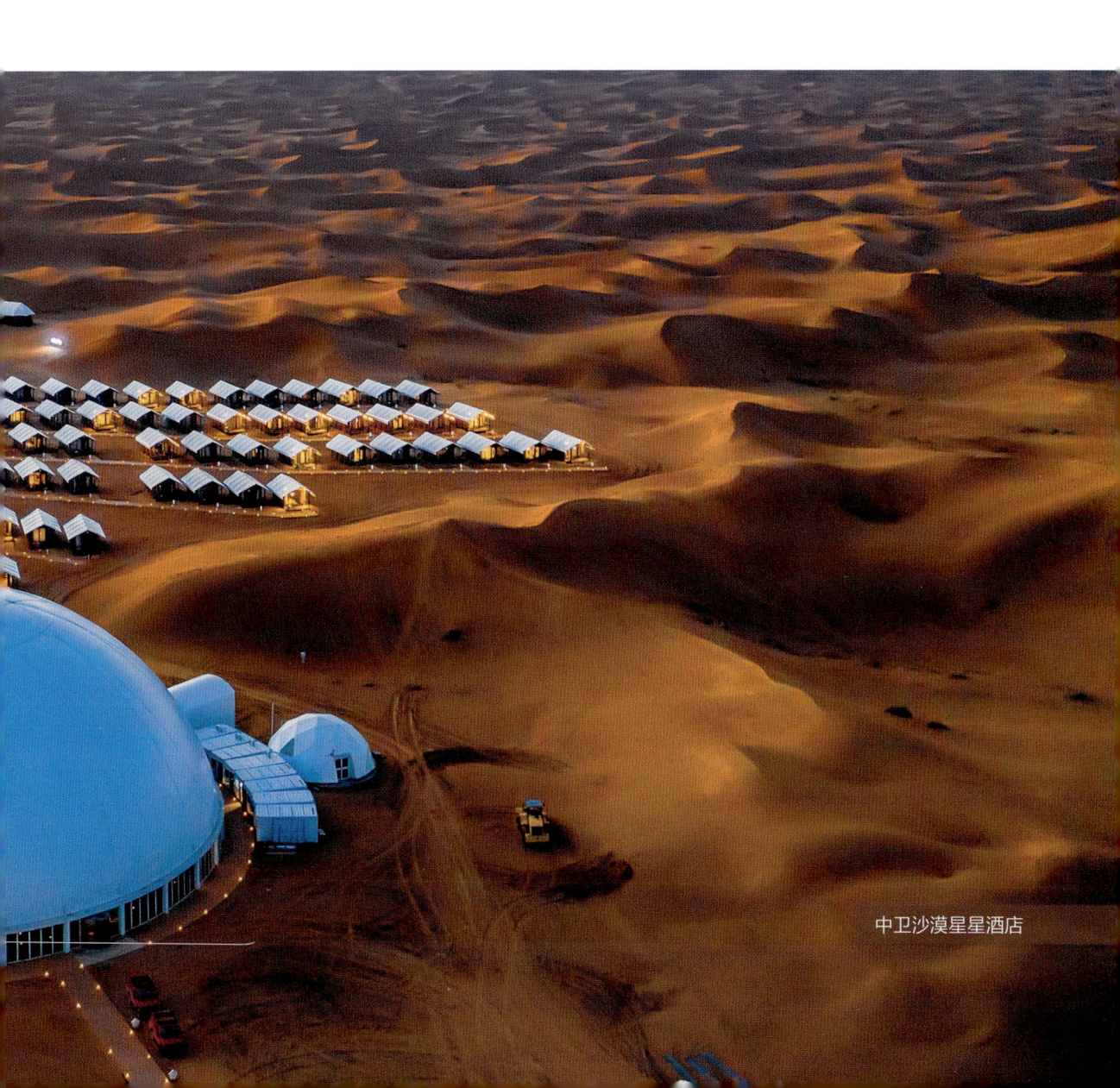

中卫沙漠星星酒店

附 录

《中国国家人文地理·中卫》文字、图片资料由中卫市委办（中卫市委党史研究室）、中卫市政府办（中卫市地方志办公室）、中卫市委组织部、中卫市委宣传部、中卫市委统战部、中卫市委政法委、中卫市中级人民法院、中卫市检察院、中卫市发展改革委、中卫市教育局、中卫市自然资源局、中卫市生态环境局、中卫市住房城乡建设局、中卫市交通运输局、中卫市水务局、中卫市农业农村局、中卫市商务局、中卫市旅游和文体广电局、中卫市卫生健康委、中卫市工业和信息化局、中卫市公安局、中卫市民政局、中卫市司法局、中卫市人力资源和社会保障局、中卫市退役军人局、中卫市统计局、中卫市医保局、中卫市云计算和大数据局、中卫市口岸和投资促进办、中卫市文联、中卫市残联、中卫市气象局、沙坡头区委宣传部、中宁县委宣传部、海原县委宣传部提供。

正文034页、130页、202页、206页图片由视觉中国提供。

责任编辑：周秀芳

复　　审：卜庆华　陈书香

终　　审：陈　宇

整体设计：方　芳

设　　计：周怡君　风尚境界

地图编绘：北印文化　周怡君　封　宇

信息图表：北印文化　周怡君